JOSÉ LUIS VÁZQUEZ BORAU

AF174566

# LOUIS MASSIGNON
# MÍSTICO CRISTIANO
# Y
# PROFETA DEL ISLAM

JOSÉ LUIS VÁZQUEZ BORAU

# LOUIS MASSIGNON
# MÍSTICO CRISTIANO
# Y
# PROFETA DEL ISLAM

EDITORIAL ANAWIM, 2024

© Del texto, José Luis Vázquez Borau, 2024

© De esta edición, Editorial Anawim, 2024

Cubierta diseñada por María Giménez-Arnau
Web: mariagimenezarnau.com

ISBN: 978-84-126324-9-1

Dpto. legal: M-13305-2024

Editorial Anawim S.L.
CIF: B-10812618
C/Condesa de Venadito 17, 4ºD
28027 Madrid
Web: anawim.es
Email: anawimperiodico@gmail.com

«*Para comprender al otro hay que descentrarse mentalmente y comprenderlo como él se comprende a sí mismo. Este descentramiento mental sigue siendo la única manera de comprender y amar*»

LOUIS MASSIGNON

# ÍNDICE

# INTRODUCCIÓN

Louis Massignon (1883-1962) ha sido un genio singular, un erudito, considerado uno de los espíritus más excepcionales de la sabiduría contemporánea. De personalidad muy rica y polifacética y con un pensamiento versátil, todos los conocimientos científicos en filología, historia, geografía, arqueología que enseñó y practicó en distintas universidades de Francia y el mundo árabe, en sus manos se trasformaron en una ciencia de la compasión y en formas de salvaguardar y de acoger una Hospitalidad Universal.

Su vida estuvo unida siempre a los problemas del Cercano Oriente. Realizó diversas misiones diplomáticas en la política árabe de Francia, luchando por la descolonización y los oprimidos en Egipto, Madagascar y Marruecos. Siendo durante un tiempo "el alter ego" y rival de Lawrence de Arabia. Massignon tuvo el mérito de haber cambiado la visión europea del Islam.

También estuvo presente en múltiples ámbitos culturales de su tiempo, como la escritura, la filosofía, la justicia y la religión contando con grandes amigos en todos ellos. Entre sus amistades ocupó un lugar privilegiado Carlos de Foucauld, cuya amistad se mantuvo durante toda la vida a través de una correspondencia epistolar fluida (80 cartas), y un encuentro personal en Paris, donde pasaron una noche en adoración del Santísimo y prometieron pedir cada día uno por otro durante el Ángelus. Foucauld fue su inspirador espiritual y maestro, ayudándole a perfilar su vocación y al que llamará «hermano mayor», «hermano en la fe».

Enamorado del islam, fue uno de los más grandes orientalistas en una época en que esta disciplina era todavía relativamente desconocida. Fue un católico que entendió el estudio y conocimiento riguroso del Islam, como expresión de servicio cristiano y que removió cielo y tierra para lograr el encuentro pacifico entre cristianos y musulmanes

Atraído por las doctrinas filosóficas musulmanas llegó a un profundo conocimiento de la mística sufí. Llevó a cabo en su tesis doctoral un magistral estudio de «la pasión de Al Hallaj», místico y mártir sufí que murió crucificado en Bagdad en el año 922. A partir de este momento no cesará de buscar puntos de contacto entre las dos religiones.

Además, se acercó al Islam con una actitud franciscano-foucauldiana a través de la oración, la fraternidad y la renuncia a la voluntad de poder, como habían hecho antes Francisco de Asís y Foucauld. Al final de su vida lo llamaran también «Cheik admirable» en recuerdo al gran Teólogo y filósofo catalán Raimon LLull cuyas intuiciones evangelizadoras básicas iban también en esta línea. Había sido hermano franciscano terciario además de Hermano de la Unión del Sagrado Corazón de Carlos de Foucauld.

Con Louis Massignon nos encontramos ante uno de los más grandes orientalistas, al que sus cursos en el Colegio de Francia y sus misiones diplomáticas, no le impidieron estar presente en diversos frentes, como la justicia, la escritura, la mística, o la compasión por los más pobres. El mayor estudioso y conocedor católico del Islam antes del Concilio ha sido el jesuita Henri Lammens, cuya obra escrita ha dejado una impronta más bien desfavorable y crítica hacia Mahoma y la religión musulmana[1]. Dada la solidez de los datos aportados por Lammens, puede decirse que sus ideas perviven de algún modo en diversos autores contemporáneos, que suelen mantener, sin embargo, una actitud más positiva y benévola hacia lo islámico. Prácticamente en las antípodas científicas y anímicas de Lammens respecto al Islam se sitúa Louis Massignon. En un clima personal de fidelidad a su fe católica y libre de excesos irenistas, Massignon ha sido probablemente el autor que más ha contribuido a modificar la actitud católica de total reserva hacia la religión de Mahoma. Estaba convencido de que los cristianos debían efectuar una especie de giro copernicano interior para entender el Islam. Massignon vino a aceptar y difundir la idea musulmana de que las tres religiones monoteístas procedían de la misma fuente bíblica. Pensaba que existía una verdadera conexión de los musulmanes con Abraham vía Ismael, y que ellos eran herederos de la bendición divina que recayó sobre el hijo de la esclava Agar[2] . La vaguedad de los datos que esgrime Massignon permite conclusiones diversas. La idea de presentar el Islam como una religión abrahámica puede ser un hallazgo afortunado, porque tiene una base indudable en la

---

[1]  Cfr. H. LAMMENS, Qoran et Tradition. Comment fut composée la vie de Mahomet, en «Recherches de science religieuse», 1 (1910) 27-51 ; Caractéristiques de Mahomet d'après le Qoran, en «Recherches de science religieuse», 20 (1930) 416-438.
[2] L. MASSIGNON, Les trois prières d'Abraham, en «Dieu Vivant», 13 (1949) 15-28.

Biblia. Pero no hay que olvidar que, considerada teológicamente, no sobrepasa el terreno mítico, y no permite responder a la pregunta de si los musulmanes son realmente hijos espirituales del Abraham creyente. El Concilio Vaticano II no ha secundado las ideas de Massignon acerca del significado del Islam y de su profeta. Massignon ha adoptado asimismo una postura positiva acerca de la originalidad de la mística musulmana, si bien muchos datos establecidos con notable solidez apuntan en dirección contraria, es decir a una dependencia directa de influencias neoplatónicas, teosóficas y cristianas.

Su encuentro con el Islam remonta al año 1905, en Egipto, pero será dos años más tarde, prisionero en un barco turco, en Irak, cuando fue visitado por el *Extranjero*, donde encuentra su vocación, situándose en el terreno del contacto espiritual entre el cristianismo y el islam. Como hemos dicho, no cesará en buscar puntos de contacto entre las dos religiones, a través de ciertas figuras ejemplares, como Al-Hallaj, condenado a muerte y crucificado en Bagdad el año 922; Abraham, el padre de todos los creyentes monoteístas; Salmân al-Farisi[3], un cristiano convertido y compañero persa

---

[3] Salman al-Farsi es conocido como la bandera de banderas, el heredero del Islam, el juez sabio, el erudito conocedor y miembro de la casa del Profeta. Hijo de una alta y respetada familia Zoroástrica de una aldea cercana a Isfahan, al pasar un día cerca de una iglesia fue atraído por las voces de los monjes que rezaban. Se atrevió a entrar y encontró que esa religión era mejor que la suya. Al enterarse que esa orden religiosa se había originado en Siria dejo su casa, y en contra de la voluntad de su padre emprendió viaje a Siria, entrando a formar parte de los monjes cristianos. A través de ellos supo de la espera del último profeta y las señales que acompañarían su advenimiento. Posteriormente viajó a Hijaz donde fue capturado y vendido como esclavo. Llevado a Medina conoció al Profeta, y reconoció en él el cumplimiento de todas las señales que le habían enseñado sus maestros cristianos, aceptando el Islam. Pero como era esclavo, Salman no pudo estar presente en las batallas de Badr y Uhud. El Mensajero le ayudo a lograr su liberación,

del profeta del Islam; Fátima, a la que se la hiperdulía[4], sobre todo por parte de los chiitas[5] y se encuentra muy cerca del culto mariano; y, finalmente, los Siete durmientes de Éfeso, santos y mártires cristianos, cuya historia se nos relata en el *Corán*[6].

Las amistades de Louis Massignon son innumerables, comenzando con la de Carlos de Foucauld, del que, como veremos, continuó su legado espiritual a partir de 1917, después de haber intentado seguirle en el desierto y posteriormente formar parte de la única obra fundada por el propio Carlos de Foucauld, la *Unión de hermanos y hermanas del Sagrado Corazón*[7]. Hay que citar, también, durante sus cincuenta años de vida intelectual en París y en el Cercano Oriente, a los escritores Paul Claudel, François Mauriac, el gran Taha Hussein, su alumno del Colegio de Francia, Jacques Mercanton, los poetas, Jean Cocteau, el pakistaní Mohammed Iqbâl, los filósofos, Rachid Reda, Jacques Maritain, Gabriel Marcel, el iraniano Alî Shariati, que fue su discípulo, los teólogos, Martin Buber, el Cardenal Daniélou, los sabios Henry Corbin, Théodore Monod, Vincent Monteil, Maxime Rodinson y Serge de Beaurecueil, políticos como Giorgio La

---

plantando con sus propias manos trescientos árboles de palmeras y dándole una gran pieza de oro. Una vez libre participo en las demás batallas junto al Profeta.

[4] Culto a la Virgen.

[5] Grupo minoritario del Islam, que comprende el 10% de los musulmanes. Rechazan a los tres primeros Califas y sostienen que Ali es el verdadero sucesor de Mahoma. Afirman también que la autoridad reside en los imanes, que son los mensajeros infalibles de Dios en cada época.

[6] Sura XVIII, 8, 9, 12, 21, 24 Se trata de la historia de siete jóvenes de buenas familias de Éfeso, y su perro, a los que se les obliga a permanecer largo tiempo en el interior de una caverna, bajo el reinado del emperador Decio (249-251), a causa de defender al verdadero Dios, frente a los que adoraban otras divinidades distintas.

[7] Hoy llamada *Unión de hermanos y hermanas de Jesús, Sodalidad Carlos de Foucauld*.

Pira y Edmond Michelet. Y fue también un discípulo de Gandhi.

Louis Massignon jugó un papel, frecuentemente oculto, en la política árabe de Francia. Formó parte de numerosas comisiones como experto, y desde 1945 fue un embajador cultural de Francia en el conjunto del mundo árabe-musulmán. Cuando se retiró del Colegio de Francia, se implicó en todas las luchas por la descolonización, defendiendo la causa de los oprimidos en el seno del Comité Francia-Magreb y del Comité Cristiano de entendimiento Francia-Islam, tanto en Egipto, en Madagascar o en Marruecos, donde ayudó a liberar a Sidi Mohammed V. Con Argelia le quedará el sentimiento de «una ocasión perdida». Sus métodos de acción, como el ayuno semanal, la peregrinación, las acciones no-violentas, sorprendieron tanto a sus adversarios como a sus aliados.

Si durante su vida espiritual siempre le atrajeron las figuras marginales de la fe cristiana, como los estigmatizados, los videntes, los sacerdotes satanistas como el padre Boullan, su espiritualidad es plenamente ortodoxa. Antes de ser ordenado sacerdote en 1954 en la Iglesia Melkita, fue terciario franciscano, además de ser miembro de la *Unión de los hermanos y hermanas del Sagrado Corazón*. Durante toda su vida meditó el ejemplo de Ana-Caterina Emmerick, su «querida pecadora», o de Mélaine, la pastora de La Salette. Y, entre las figuras que más han contado en su vida están María Magdalena, santa Juana de Arco, María-Antonieta y los mártires de Namugongo (Uganda).

Podríamos afirmar que estaba más cercano de la desesperanza de un León Bloy que del optimismo de Teilhard de Chardin, encarnando una especie de fe viva, heredera de Pascal, que le hacía exclamar: «Jesús está en agonía hasta el fin de los tiempos, y nosotros no podemos dormirnos durante este tiempo».

Lo que Louis Massignon nos dejó, la necesidad de «descentrarnos» para poder comprender a nuestro prójimo desde el interior, tiene plena actualidad. Pero la incomprensión frente al mundo del Islam, tan agudizada en nuestros días, confirma sus caminos "proféticos", como la manera franciscano-foucouldiana de acercarnos a nuestros hermanos musulmanes, en una hospitalidad compartida, que le llevaba a dar su vida. Nosotros aquí pretendemos conocer un poco mejor la persona de Louis Massignon, su relación de amistad con Carlos de Foucauld y su misión de continuador de la obra de éste, como «profeta de Nazaret»[8], señalando que fue el "eslabón perdido" entre la muerte de Carlos de Foucauld y el nacimiento de las Fraternidades que forman su familia espiritual.

---

[8] «*La palabra del profeta se inscribe en la dinámica de la memoria de Dios. Esto supone una gran atención al curso de los acontecimientos históricos, terreno que permite descubrir el alcance de la memoria: la historia es este espacio y este tiempo en que las personas encuentran a Dios y se encuentran entre ellas. Dios nos ama hoy y cumple sus promesas hoy. Y así, el profeta puede ser alguien que habla en lugar de Dios: su mensaje consiste en invitarnos a hacer nuestra la memoria de Dios*», G. GUTIERREZ, *Testigos de la memoria de Dios*, Selecciones de Teología nº 169, San Cugat del Vallès, 2004.

# PRIMERA PARTE:
# LOUIS MASSIGNON
# ISLAMÓLOGO

# I.
# RASGOS BIOGRÁFICOS DE LOUIS MASSIGNON

Louis Massignon nació en Nogent-sur-Marne el año 1883 y murió en París en 1962, a la edad de setenta y dos años. Tiene el mérito de haber transformado la visión europea del Islam. Diplomado en estudios superiores de historia con el *Tableau géographique du Maroc d'après Léon l'Africain* (1904), diplomado en árabe literario y en árabe hablado por la Escuela de Lenguas Orientales Vivas (1906), pasa un año en el Instituto de Arqueología Oriental de El Cairo (1906-1907).

Hay que señalar que la lengua árabe es uno de los idiomas vivos más antiguos que existen en el mundo. El alfabeto árabe, como el alfabeto latino, deriva del fenicio. Como es sabido, en la escritura latina las letras van orientadas hacia la derecha, mientras que en la escritura árabe van orientadas hacia la izquierda. Las letras del alfabeto árabe se escriben y se leen de derecha a izquierda. Estas letras son llamadas por los árabes, letras del silabario, al ser esencialmente silábicas, es decir, que ninguna vocal se halla sola ni precediendo a una consonante, sino que sirve únicamente para afectar a la consonante, y se pronuncia siempre después de ella. Las letras del alfabeto árabe son 28 según los orientales o 29 según los del Magreb, adoptando formas distintas según se hallen solas o ligadas a otras letras. El árabe clásico o literario es el hablado en Arabia Central durante los siglos V y VII. En él se escribieron célebres y magistrales poemas literarios y también *El Corán,* que es el primer texto auténtico y con entidad escrito en lengua árabe. Es el libro sagrado de los musulmanes y constituye el modelo de la lengua árabe tanto en los aspectos fonéticos, morfológicos como sintácticos. Es un hecho conocido, y por cierto nada excepcional, que en los países árabes existe una situación de diglosia donde para actuaciones formales y en las prácticas religiosas del Islam, se utiliza una lengua panárabe y clásica, tradicionalmente transmitida, pero no nativa de nadie y aprendida en la escuela, y por otro lado en la vida cotidiana se usan diversos dialectos, más o menos divergentes de aquélla y entre sí, y que son y han sido siempre, dentro de una evolución, la lengua nativa de todos los arabófonos. Un conocimiento equilibrado de la realidad lingüística árabe abarca tanto la lengua clásica como el entendimiento de los dialectos. La fórmula híbrida de los dialectos y del clásico, conocida como la lengua media o de los cultos es la más hablada actualmente. En realidad, esta lengua media que hemos mencionado, no es un sistema lingüísticamente bien definido, sino una mezcla en proporciones distintas de ingredientes heterogéneos, clásicos y de un dialecto variable según las personas hablantes. Podemos decir que la lengua media es sólo un haz variable de fenómenos de interferencias, en buena parte consciente y controlada por cada persona según las circunstancias. En resumen, todos los arabófonos se comunican entre sí sin dificultad independientemente del lugar de procedencia. Hay un solo idioma Oficial Árabe que es igual en todos los países de habla árabe y que se utiliza en los discursos oficiales, en los medios de comunicación, publicidad, en la justicia, en los bancos, en las Universidades etc. Hay que recordar, también, que la lengua árabe fue decisiva en la configuración de las lenguas de la Península

Ibérica, y el castellano es una de ellas, pues en la Península se asentó durante ocho siglos la dominación cultural árabe.

Cuando Massignon fue enviado a Mesopotamia, comenzó el estudio sobre Al-Hallaj (857-922), un místico musulmán que murió crucificado en Bagdad durante el primer cuarto del siglo X, entregando su vida por la causa del Amor Universal, aquel Amor que nos hace Uno en el Único. Esto es lo que dice Louis Massignon en el prefacio a la edición de 1922 de su magistral estudio *La Pasión de Hallaj*:

«El estudio crítico de las fuentes auténticas de este tema más poético que literario me ha permitido establecer que Hallaj había tomado efectivamente conciencia de su vocación de "pilar místico", de "mártir espiritual" del Islam, realizando el hayy[9]; que manifestó posteriormente su deseo de "sustituir" con su propia persona a las víctimas de la ofrenda legal que se consagraban en Arafat para el perdón general anual de la comunidad, que proclamó después públicamente en Bagdad su voto de hacerse matar en la guerra santa del amor divino, al menos treinta años antes de su ejecución. Este estudio, emprendido en El Cairo en 1907, al margen de mi aprendizaje del árabe hablado y escrito, estimulado por el encuentro de conmovedoras máximas sapienciales... terminó por convencerme de la veracidad de este testigo puro, extrañamente amigo de Dios, hasta el sacrificio de sí mismo, Khalil Allah, como Abraham»[10]

---

[9] Peregrinación a La Meca, que es uno de los cinco pilares del Islam y que los musulmanes están obligados a hacer al menos una vez en la vida. Es más meritoria y tiene lugar durante el mes de la peregrinación. Al llegar a La Meca, los peregrinos dan siete vueltas en torno a la Ka´ba y tocan la piedra negra, después continúan hasta Mina y Arafat, donde tienen lugar los sacrificios.

[10] L. MASSIGNON, *La Pasión de Hallaj, mártir místico del Islam,* Paidos Orientalia, Barcelona 1999.

Después de llevar a cabo algunas investigaciones en Bagdad y en Constantinopla, Massignon imparte en la Universidad de El Cairo cuarenta lecciones en árabe sobre las doctrinas filosóficas musulmanas. Terminada en 1914 la tesis sobre Hallaj, ésta fue parcialmente destruida en Lovaina por la guerra declarada por el gobierno alemán contra Francia el 3 de agosto de ese mismo año. Finalmente su tesis fue reescrita y defendida en la Sorbona en 1922 bajo el título *La pasión d'al-Husyn-ibn-Mansûr al Hallaj,mártir mystique de l'Islam, exécuté à Bagdad le 26 mars 922* (tesis complementaria: *Essai sur les origines du lexique techique de la mystique musulmane*).

Profesor suplente de Le Chatelier en el Colegio de Francia (1919-1924), Massignon le sucedió en la cátedra de sociología y sociografía musulmanas durante los años 1926 a 1954. Cuando terminó la primera edición del *Annuaire du monde musulman* (1923) fundó la *Revue des Études islamiques* el año 1926. En 1929 fundó el Instituto de Estudios Islámicos, donde daba cursos de francés a los norteafricanos Fue director de estudios en la Escuela Práctica de Altos Estudios Islámicos, desde el año 1933 hasta 1954, en la sección de ciencias religiosas. El año 1933 fue elegido miembro de la Academia de Lengua árabe de El Cairo. Presidente del tribunal de oposiciones del árabe del año 1946 a 1954. También presidente del Instituto de Estudios Iraníes en 1947, miembro de la Comisión de Museos Nacionales de 1947 a 1962, y profesor invitado en Estados Unidos y en Canadá en 1954. Se jubiló en 1954.

## II.
## AL-HALLAJ Y EL SUFISMO

Este místico sufí y poeta del siglo IX-X d.C. (857-922), es uno de los personajes singulares de la cultura árabe de la Edad Media. El Islam posee un aspecto exterior y uno interior: El aspecto exterior es el de la Ley Sagrada o la *Sharia*, que se ocupa de la observancia de los ritos y de los actos de devoción. El aspecto interior existe a través del Sufismo, llamado en árabe ***Tasawwuf***, cuyo objetivo consiste en la purificación del corazón del practicante, para así poder llegar a unirse con Dios.

El Sufismo, en su calidad de vía interior del Islam, se presenta como una sucesión de expresiones personales que tienden a favorecer un acercamiento del ser personal con la Realidad última. Su objetivo final consiste en acceder a la conciencia de esta realidad, es decir en aniquilarse en ella. En el Islam, el Sufismo es la vía que conduce de lo individual a lo universal, del mundo de las apariencias a la Unidad. En la práctica, el Sufismo está ligado fundamentalmente a dos grandes dominios: el de las verdades universales y el de la realización de la persona a través de los distintos grados de la vía. El camino a seguir por el adepto para alcanzar el grado de purificación implica, además del respeto a la ley y una práctica religiosa, una iniciación y un método. Estos últimos se realizan gracias a la presencia de un guía, ***sheikh***, considerado como el representante de la «cadena» que asciende hasta el Profeta Mahoma.

El nombre de sufí —de *suf*, lana— es una expresión que se ha vinculado a la palabra árabe *saaf*, que significa «puro». La razón por la cual los sufís fueron llamados por este nombre es que su mundo interior está purificado e iluminado por la luz de la sabiduría, de la unidad y de la unicidad. Otro significado de esta denominación es también que ellos estaban espiritualmente conectados con los constantes compañeros del Profeta, *saws*, que fueron llamados «los compañeros con manto de lana».

En árabe la palabra *tasawwuf*, que designa la disciplina y método de los sufís, consiste en cuatro consonantes: t, s, w, f. La primera letra, T, representa **tawba**, arrepentimiento. Este es el primer paso que debe ser tomado en el camino. Es como si dijéramos un doble paso, uno hacia dentro y uno hacia fuera. El paso exterior del arrepentimiento consiste en palabras, hechos y sentimientos: guardar la vida de uno libre de pecado y de malas acciones, e inclinarse hacia la obediencia; huir de la revuelta y la oposición, para buscar el acuerdo y la armonía. El paso interior del arrepentimiento se realiza en el corazón. Consiste en limpiar el corazón de todos los deseos mundanos y conflictivos, y llegar a la total afirmación del deseo por lo divino. Así pues, el arrepentimiento, es decir, ser consciente de lo erróneo y abandonarlo, y ser consciente de lo correcto y esforzarse por ello, lleva a uno al segundo paso.

El segundo nivel es el estado de paz y alegría **safa**. La consonante S es su símbolo. En esta etapa hay también dos pasos a tomar: el primero es hacia la pureza del corazón y el segundo hacia su centro secreto. La paz del corazón llega a un corazón libre de ansiedad. La ansiedad es el fruto del peso de todo lo que es material: la comida, la bebida, del sueño, de la charla banal. La gravedad de la Tierra arrastra el corazón etéreo hacia abajo, y liberarse a sí mismo de este peso cansa al corazón. Existen también otras ataduras, como deseos, posesiones, apego de las personas, que atan el corazón etéreo a la tierra y le impiden elevarse. La paz del corazón se consigue mediante la purificación del corazón de todas y cada una de las cosas de este mundo y preparándolo para recibir únicamente la esencia de Alá, la cual entra cuando el corazón ha sido embellecido con el amor de lo divino. Los medios para esta limpieza son el constante recuerdo interior y la recitación con la lengua secreta de la divina Confesión de la Unidad: "No hay más dios que Alá". Cuando el corazón y su centro están en un estado de paz y felicidad, entonces la segunda etapa, representada por la letra s ha sido completada.

La tercera letra, W, simboliza la *wilaya*, que es el estado de santidad y proximidad de los amantes y amigos de Alá. Este estado depende de la propia pureza interna y quien está en el estado de santidad es totalmente consciente de ello, lleno de amor y unión con Alá. Como resultado, estas personas son embellecidas con el mejor carácter y comportamiento. Este es un regalo divino con el que han sido agraciados. En esta etapa, la persona es consciente, siendo recubierta por los atributos divinos. Cuando la verdad llega, la falsedad se desvanece y la etapa de *wilayà* ha sido completada.

La cuarta letra, F, simboliza *fana*, la aniquilación de uno mismo, el estado de vacuidad, que equivale a estar vacío de todo lo que no es la Esencia de Alá. Cuando los atributos divinos entran en el ser íntimo, la falsa identidad de uno mismo se derrite y se evapora; y cuando la multiplicidad de los atributos mundanos desaparecen, su lugar es reemplazado por el único atributo de la Unidad. En realidad, la verdad está siempre presente. Nunca desaparece ni declina. Lo que sucede es que el creyente se da cuenta y llega a ser uno con Aquel que lo ha creado. Estando con Él, el creyente recibe Su felicidad: el ser temporal encuentra su verdadera existencia realizando el eterno secreto. Cuando todos los lazos terrenales son abandonados y uno está en unión con Alá, con la Divina Verdad, uno recibe la pureza eterna, nunca será maldecido, y llegará a ser uno de los «compañeros del jardín del Paraíso».

Ahora bien, ¿qué tipo de sufí representa nuestro personaje Hallaj? Según todas las fuentes fue un sufí aferrado a su doctrina, cumplía en exceso las obligaciones religiosas. Sin embargo, Hallaj no era de aquellos sufíes que pensaban que el camino hacia Dios es el exceso de la adoración, sino que para él este fin se puede alcanzar cuando el sufí se dirige a Dios de una forma absoluta y completa, siendo el amor la piedra angular en esta relación.

En España y dentro de la corriente sufista, tenemos la gigantesca figura de Ibn Arabi, que nació en Murcia el año 1165 y murió en Damasco el año 1240, después de una vida itinerante, recorriendo del extremo occidente al extremo oriente el Islam, todos los países islámicos de la época. Escribió cuatrocientos libros. El más importante de todos, *Las iluminaciones de La Meca,* escrito durante un largo periodo de tiempo, es una auténtica biblioteca de todos los temas y motivos del sufismo[11]. Lo más significativo de su doctrina es la enseñanza de que cada criatura es la expresión de un nombre divino que debe ser encarnado en ella. Así, nuestra vida consiste, en cierto modo, en el enunciado o la proposición de una "frase" que hace explícito ese nombre divino que nos asiste, y que constituye, en cierto modo, nuestro genuino doble celeste.

---

[11] Cfr. IBN ARABI, *Las iluminaciones de La Meca* (Siruela, Madrid 1996).

# III.
# LA FIGURA DE HALLAJ

Hallaj o Husayn ibn Mansûr, fue discípulo del célebre maestro Junsid de Bagdad. Predicó su propia doctrina en la India y en el Turquestán, regresando luego a Bagdad, donde fue condenado a muerte aparentemente por haber expuesto públicamente la «doctrina oculta». No obstante, años después fue muy venerado y se le considera. el «Cristo Sufí» o el «Omnicósmico». Por esto, afirmamos con José Morales que los sufíes son quizá los musulmanes que más perfectamente viven el Islam, si bien han sufrido a veces la oposición del Islam oficial, como ocurrió con Al-Hallaj. Pero han conseguido, «no sólo integrar en la tradición religiosa musulmana una forma moderada de Sufismo, sino proponer el estilo de vida sufí, como el modelo por excelencia de todo verdadero creyente, y como realización perfecta de las enseñanzas del Profeta»[12].

Hallaj fue un personaje histórico, condenado a muerte en Bagdad en el año 922 de nuestra era, después de un proceso político, una "causa célebre", de la que subsisten fragmentos de informes hostiles y que, por eso mismo, pueden

---

[12] J. MORALES, *El Islam,* Ediciones Rialp, Madrid 2001, 208.

considerarse testimonios de su autenticidad histórica[13]. Hallaj ha sobrevivido también como héroe de leyenda. Todavía hoy, en los países árabes, el pueblo le recuerda y se lo imagina como un giróvago taumaturgo[14], sea como un «loco de Dios», sea como un charlatán. En Irán, Turquía y Pakistán, la amplia difusión de los grandes poemas persas perfiló de forma magnífica la fisonomía de santo, de extático deificado, de aquel que llaman «Mansur Hallaj».

Fue él quien, desde lo alto del cadalso, pronunció el grito apocalíptico que anuncia al Juez del Juicio Final: *Ana 'l-Haqq,* «Yo soy la Verdad»[15]. ¿No es esto lo que expresan el Maestro Eckhart o San Juan de la Cruz? El pensamiento y la poesía de Hallâj nunca dejan de girar en torno a la abolición de la distancia entre el Testigo y el Testigo, entre el Amante y el Amigo. Muestra lo oculto, lo indecible, lo inefable; a través de él coinciden el interior y el exterior. En su muqatta'a 11, Hallâj logra traducir los medios de esta incomunicabilidad:

> «Tengo un Amado al que visito en las soledades / Presente y ausente a la vista / No lo ves escuchándolo con el oído / Para entender lo que Él dice... Las figuras de lo cualitativo no pueden contenerlo / Él está más

---

[13] Seguimos aquí básicamente el Prefacio de L. MASSIGNON, *La Pasión de Hallaj,* o.c. 19-38. Esta es la primera gran obra de Massignon sobre el misticismo islámico y que marcará toda su trayectoria intelectual y espiritual.

[14] Respectivamente, monje que no se sujeta a la vida regular de una vida monástica concreta y va vagando de un monasterio a otro, y persona que hace cosas prodigiosas.

[15] Este es el legado de al-Hallaj influyendo en el misticismo sufí y en el pensamiento occidental. La doctrina «Yo soy la Verdad», también conocida como «Ana al-Haqq», es una de las ideas centrales del misticismo sufí. Esta doctrina afirma que el alma humana es idéntica a la esencia divina. En otras palabras, el ser humano es un reflejo de Dios y, por lo tanto, participa de la misma Verdad divina.

cerca que la conciencia para la imaginación / Y más escondido que los pensamientos obvios»

¿Quién definió mejor la vía negativa? Y nuevamente, en muqatta'a 54:
«La luz de Tu rostro sigue siendo un misterio cuando la vemos... Escucha mi historia, Amado, ya que ni la Tabla ni el Cálamo pueden entenderla»

Hallâj logra hacer pura abstracción, puro pensamiento. Ser y conocimiento del Ser coinciden. «Yo soy la Verdad y la Verdad es verdad a través de la Verdad».

El estudio crítico de las fuentes auténticas de este tema más poético que literario permitió a Massignon establecer que Hallaj había tomado efectivamente conciencia de su vocación de «pilar místico», de «mártir espiritual» del Islam, realizando el *hayy*, manifestando posteriormente su deseo de «sustituir» con su propia persona a las víctimas de la ofrenda legal que se consagraban en Arafat para el perdón general anual de la comunidad; y proclamando después públicamente en Bagdad su voto de hacerse matar en la guerra santa del amor divino, al menos treinta años antes de su ejecución.

La Sección I presenta las etapas de la vida de Hallaj, sitúa sus relaciones de tiempo y lugar en su «singularidad»: su educación familiar y escolar, desde Bayda hasta Wasit y Basora; después, su «salida» hacia la «alta sociedad», iniciándose en el clasicismo de los sabios, reteniendo en las etapas de sus viajes el «elemento común» con los humildes y los pobres, tanto en el frente oriental de la guerra santa (Turquestán, India), como en el centro islámico de peregrinación, en La Meca, tres veces visitada por él; después, la evolución de su compasión apostólica y apologética en el deseo final de morir anatematizado por sus hermanos; sus procesos; y, finalmente su suplicio en el escenario elevado de Bagdad, metrópoli del mundo civilizado de entonces.

Después, la supervivencia de este «santo excomulgado», durante treinta generaciones musulmanas, a través de las «cadenas de testigos», *asanid,* transmitiéndose su recuerdo como un viático de esperanza hasta el día de hoy.

Estas "cadenas" preparan su reincorporación oficial a la comunidad islámica en la tierra, que recupera reencontrando por su mediación, realizando con él, en el sentido sacrificial pleno de la *talbiya*[16] propiciatoria del *hayy* en Arafat, la unión mística más allá del perdón y la acción de gracias. Obra lenta, difícil, de muchos siglos, que se prosigue secretamente en la meditación, en los espíritus solitarios y las almas escogidas, mientras que la devoción popular, aquí y allá, insiste en asociar su nombre a las aflicciones de los recién nacidos, a juegos de niños, canciones de mendigos y predicciones sobre el final de los tiempos.

Y, puesto que cada nuevo eslabón de estas "cadenas" es una victoria sobre la muerte, sobre el azar y el olvido, y un reforzamiento de la gracia transmitida, estas "cadenas" preparan también la integración final del conjunto de la comunidad islámica en la ecumenicidad de los elegidos, en la consumación del sacrificio de Abraham.

La Sección II sitúa la mística hallajiana, según los textos, en el conjunto del desarrollo del pensamiento teológico musulmán; expone las interferencias filosóficas y las penetraciones metafísicas implícitas en la idea de «deseo esencial».

Hallaj apareció en los zocos de Bagdad, predicando a Dios como el único Deseo y la única Verdad, a finales del siglo IX de nuestra era, época de "Renacimiento" del Islam. En la confluencia de dos culturas, la aramea y la griega, Bagdad, convertida en el centro intelectual de la civilización, recibió dentro de sus murallas a los verdaderos maestros del pensamiento árabe: teólogos, desde Nazzam a lbn al-Rawandi;

---

[16] *Talbiya*: Respuesta. Es el eco de responder a la llamada divina.

filósofos como Jahiz o Tawhidi; poetas como Abu Nuwas, lbn al-Rumi o Mutanabbi; dramaturgos como Mubarrad o Sirafi; al médico Razi, al astrónomo Battani; y, finalmente, en el capítulo IV de la sección I inserta, biográficamente, a Hallaj entre todos ellos. Se presenta ahí un análisis de las modalidades complejas y sutiles del lenguaje técnico que Hallaj utilizaba, atreviéndose a expresarse en el léxico dogmático de sus adversarios, los mutazilitas[17], algo que a ningún místico se le había ocurrido hacer. Así lo hizo para dar cuenta, de forma razonada, de la experiencia a la que su regla de vida, surgida de la «ciencia de los corazones de Muhasibi» y su voto de ascesis mental, por vía negativa, le habían llevado.

La Sección III ofrece un estudio exhaustivo de la «bibliografía hallajiana», que comprende más de 1415 obras, de 953 autores, con una introducción que extrae de esa enorme bibliografía, resaltando detalles significativos, y apreciaciones meditadas. Sigue la enumeración en forma de esquema de las treinta y siete cadenas testimoniales fundamentales, *asanid*, que constituyen el *hadith*, la tradición islámica hallajiana. Treinta y siete cadenas continuas, que se remontan a quince de los 117 nombres de contemporáneos, testigos directos de la vida y las palabras de Hallaj (91 favorables, de ellos dos mujeres; 26 hostiles); sus hijos Mansur y Hamd, Ibn ´Ata', Shakir, lbn Fatik, Shibli, Qannad, lbn Khafif, lbn Surayj; con dos apóstatas (Dabbas, Awariji) y cuatro enemigos (Abu 'Umar, lbn Áy-yash, Ibn Rawh, Suli). Esta proporción de 15/37/17 es notablemente elevada para un proscrito.

Se puede inferir legítimamente de esas cifras que una repercusión espiritual duradera de las palabras de este excomulgado las difundió entre las masas creyentes de las ciudades, estremecidas por el anuncio de su muerte. En Guzgán, estalló una revuelta. En Bagdad, Mas'udi, testigo

---

[17] Una escuela teológica signada por cierto racionalismo

31

ocular, señala aquel día como «solemne» debido a las ideas mantenidas por Hallaj. Ideas que le atrajeron un gran número de discípulos póstumos, espíritus independientes, enamorados de la filosofía, nos dice uno de ellos, Daylami, heredero de Tawhidi a propósito de la postura original de Hallaj en metafísica, que identifica el deseo, *'Ishq*, con la Esencia divina. Y esto en una época en que la imitación de los "primeros" filósofos helénicos, los *falasifa* musulmanes, no hacen del Amor más que un demiurgo[18].

Y fue así, indudablemente, por esa afinidad intelectual de la amistad espiritual, completamente desinteresada, suprarracial, como le llegó personalmente el pensamiento hallajiano a Massignon. A través de los siglos han ido apareciendo repetidas muestras de semejante simpatía, incluso en los doctores chiítas, y, lo que es socialmente más importante, renacimientos de compasión colectiva hacia Hallaj, concebido como un intercesor escatológico del pequeño pueblo de los perseguidos.

Massignon, en la Sección I había seguido, para describir una vida, el atomismo anecdótico de la primitiva historiografía árabe, la de los "Ayyam al- `Arab" y la del *hadit*. Para la Sección II había elegido el marco sistemático del *kalam* mutazilita, conformándose en esto a la misma elección de Hallaj, tomando de él su léxico doctrinal, para «sublimarlo». Se seguía también el ejemplo de *The Mystical Element of Religion Studied in Saint Catherine of Genoa and her Friends,* de F. von Hügel, recomendada como modelo por Henry Huvelin, su director espiritual, que le había sido presentado por Carlos de Foucauld.

Estas fueron algunas de las hipótesis de trabajo que utilizó Massignon para realizar su investigación:

---

[18] En la escuela platónica, creador y ordenador del mundo.

1. Dado que la duración en la que vivimos tiene una orientación, no podemos concebir una «historia» humana más que postulando una continuidad estructural finalista, contra lo discontinuo que es accidental; no podemos escribirla más que explicando los hechos lingüísticos fonológicamente y no fonéticamente; y los hechos psíquicos por una «psicología de la forma», contra el empirismo asociacionista. La finalidad histórica ha de volverse inteligible «interiormente», porque concierne a la persona, ya que sólo ella extrae el sentido de la prueba común a todos, y no el individuo, elemento diferenciado dependiente del grupo social que sigue siendo su fin natural.

2. Se puede esquematizar la vida de un grupo social construyendo las curvas de vida individuales de cada uno de sus miembros, diferenciadas según sus relaciones con el medio externo, como viajes, enfermedades, matrimonio etc.; mas resulta en vano el hacer la suma sin haber identificado ciertas curvas individuales extraordinarias, dotadas de puntos singulares, y también de «nudos», que corresponden a las «experiencias interiores» de certidumbres, y también de angustia, por las que han encontrado los «resolventes psíquicos» en sus aventuras con el medio. Convertidas para aquéllos, primero en «situaciones dramáticas» inteligibles, desanudadas después para los otros.

3. Para la conveniencia del esquema, se puede considerar que no existe sino un número restringido de «situaciones dramáticas» posibles y de temas en un medio social. Pero aquéllas son raramente resueltas, pues los que resuelven sus peripecias lo hacen como hallazgos estrictamente personales, o mejor, concienciaciones recapituladoras de la persona, en un acto heroico, generalmente «acto único durante una vida». Estas concienciaciones testimoniales de la gracia divina en nosotros son reacciones sobrehumanas, irreductibles a las presiones del medio: yuxtaposiciones de átomos anecdóticos, estructuras fortuitas de la estadística,

cometidos de los organismos institucionales y de las funciones folklóricas, que se expresan en proverbios sapienciales y máximas filosóficas, y el asentimiento a los arquetipos y otros esquemas combinatorios arbitrarios con los que una sociedad se autoengaña, creyendo poder formular con ellos una representación explicativa de su pasado y preformadora de su porvenir.

4. El acto heroico aislado, cuyo objetivo formal es divino, posee un valor axial "transocial". Se puede representar como una proyección fuera del mundo de la trayectoria de la vida de su autor: no sólo sobre un ciclo ideal "imaginario", sino sobre un ciclo litúrgico comunitario real, como la hospitalidad de Abraham para con el extranjero, o la intercesión de la amistad virginal por el criminal. Pues este acto no es solamente una superación solitaria, sino una sublimación solidaria por encima de la masa de las series interesadas de virtudes rentables, actos mercenarios, apetitos mediocres, pecados y crímenes: masa miserable de la que, por disgusto de las convencionales hagiografías hipócritas y "bienpensantes", los últimos biógrafos concienzudos toman los motivos del desprecio global hacia todos los comportamientos humanos.

5. Esta concepción finalista "interna" y "personalista" de la historia humana percibe en ella una solidaridad, real y eficaz, de las miserias de la masa con el dolor reparador y salvador, santo, de algunas almas heroicas y "sustitutas".

6. La continuidad transhistórica de esta finalidad tipifica, en los "santos sustitutos", las crisis de sufrimiento colectivo, hambres, epidemias, guerras, persecuciones, sufridas por la masa de los desdichados. Crisis de "parto" cuya verdadera significación traspasa, con algunos clamores sobrehumanos de venganza apocalíptica, el conformismo reticente de los analistas oficiales y la perversidad falseadora de los memorialistas clandestinos. Se ha dicho resumiendo a L. Bloy, que «el desciframiento de la historia está reservado a

ciertos seres dolientes, aquellos que tienen la compasión intuitiva de los santos».

7. Ellos descubren en el mundo perecedero la presencia de una Verdad sagrada, la ven aparecer cada vez que se realiza la advertencia de un signo premonitorio mediante el milagro imprevisible del cumplimiento. La ven guiar a los santos en su penetración hasta la divina Fuente silenciosa de la que en otro tiempo surgió su destino, y a donde va a absorberse su íntimo anhelo; a despecho de toda táctica premeditada.

8. Y el testimonio supremo del santo se realiza, sobrepasando los equívocos y las ambivalencias, mirando de frente el miedo, el peligro, la duda, la peor tentación[19], porque no es sino a través del sufrimiento mortal de la prueba deseada como se puede acceder a la Unión con el Uno, con la Esencia divina inerme, abandonada, desnuda.

9. Cuando el santo sustituto, «testigo del momento», se reúne así al «testigo del Eterno», esta Unión en la soledad es intercesión por una masa inmensa de almas que se han quedado a medio camino. Contrariamente a las teorías misionológicas del proselitismo en expansión, las encuestas recientes sobre la estadística religiosa han establecido como invariantes más o menos las mismas para todos los medios y épocas, el porcentaje inmutable de prácticas rituales en el grupo confesional, de las buenas acciones y los pecados, de las vocaciones fervientes y los desenfrenos fuera de la ley; con la matización de que la minoría pecadora confesa se confronta a la inmensa armada de sus contemporáneos "respetables" — pecadores secretos— como los eventuales *abdal*,[20] rescate siempre posible mediante los penitentes de una masa hundida en el mal. Esta constatación de la inanidad de todo apostolado oficial propagandista subraya con bastante claridad que no es

---

[19] Cf. Carta de Foucauld, 30 de octubre de 1909.
[20] Sustitutos, inspirados por Dios, siervos de Dios, que le hacen presente en el mundo

sino por una homeopatía intermitente, de dosis infinitesi-
males, de santidad "sustitutiva", como la vida religiosa de los
grupos creyentes es preservada de pudrirse en la hipocresía.
Hallaj enseñaba que cada minuto Dios, mediante un santo,
purifica a 70.000 justos; uno de sus hijos mayores, `Ali-b-
Muwaffaq, declaraba que en el día de ´Arafát, entre 600.000
peregrinos reunidos, a Dios le bastaba para perdonarlos con
encontrar entre ellos seis justos: lo que rememora la plegaria
de intercesión del primero de los *abdal*, Abraham, por la
ciudad de perdición, Sodoma[21].

No se trata solamente de afirmar el progreso espiritual
de las almas separadas, tras la muerte, en el sentido virtual de
sus predestinaciones como «ideas». Hallaj ha afirmado que la
última finalidad de la historia de una persona humana no es el

---

[21] El Islam concede gran importancia al patriarca bíblico Abraham, que
ocupa además un lugar central en *El Corán*, siendo el personaje
veterotestamentario más citado. Su nombre aparece unas setenta veces
y en veinticinco suras, treinta y siete pasajes y ciento cuarenta versos.
Y aparece en textos de todas las épocas de la predicación de Mahoma,
desde los comienzos de sus actividades en la Meca (610-622), hasta el
final del tiempo transcurrido en Medina (622-632). Mahoma dice
basarse en «*los libros de Abraham y de Moisés*», para demostrar que su
predicación es la continuidad de la predicación de sus predecesores.
Evoca la fidelidad de Abraham, (Sura 53,38) y cita episodios narrados
en el libro del *Génesis* (Gn. 18), como la visita de los ángeles y el
anuncio del nacimiento de un hijo (Sura 11 ,69-74); la predicción y el
castigo ejemplar de Sodoma (Sura 11,77- 82). Mahoma destaca dos
aspectos en el patriarca: la lucha de Abraham contra la idolatría (Sura
37,83-99), y la alusión al sacrificio de Isaac en Gn. 22, con el matiz de
que el patriarca ha decidido inmolar a su hijo con el consentimiento de
éste, sin aclarar si es Isaac o Ismael (Sura 37,102- 108). Mahoma se
atiene más a las tradiciones judías que al texto del Antiguo Testamento,
al que no conoció directamente. Por lo demás Mahoma no sólo se dice
el continuador de la misión del patriarca, sino que incluso ha buscado,
conscientemente o no, retener rasgos de las tradiciones sobre Abraham
como propios, para confirmar su experiencia personal y demostrar su
continuidad con el patriarca bíblico.

simple retorno a este tipo inteligible que Dios ha previsto, sino «el advenimiento de su realización». Y esta «realización» implica que las almas «resucitarán» sus cuerpos glorificados, en un orden de apoteosis jerárquica que no conservará las observancias confesionales sino la medida de «teopatía», de pasión por Dios, que se haya logrado aquí abajo.

Los santos sustitutos, *abdal,* no son ni *grandes hombres,* cuyas creaciones sociales mueren con las ciudades de aquí abajo, ni tampoco *inventores y descubridores,* santos del calendario positivista cuya sucesión es discontinua y fortuita. Aunque la ciencia experimental pueda suprimir, cada vez más, los sufrimientos de los cuerpos, éstos morirán igualmente; mientras que la santidad "sustituta" se encuentra "sensibilizada" por Dios para compadecer a los corazones quebrantados y "cardados", cuya herida transfigura en consolación, fuente de curaciones inmortales. La ejecución de Hallaj, descrita por diversas fuentes autónomas, ilumina la mentalidad de sus adversarios: a) Para el tribunal, visir y cadíes, es la aplicación de la pena capital a una transgresión de la ley que aquél deliberadamente cometió enseñando la licitud de los ritos del *Hayy* fuera de La Meca; b) Para el Palacio imperial, califa y grandes curiales, la condena se ejecutó como medida de salud pública, habiéndose hecho consciente el soberano de su función de guardián del orden amenazado; c) Para el pueblo humilde de los testigos pagados que mantienen la vida religiosa de la masa, *Shuhúd,* notarios canónicos, y *Qurra,* lectores del *Corán,* todos ellos aplauden las torturas sufridas por el ajusticiado como su venganza por todos, el tributo del ultraje infligido a su piedad formalista por una llamada directa a la intimidad con Dios aquí abajo.

Para la psicología del propio Hallaj, el documento fundamental sigue siendo esa «oración de la última vigilia», recogida y editada, apenas dos años después del suplicio, por un *surayiyen, el* jefe de los *Shuhúd* de El Cairo, un futuro gran cadí interino, íbn al-Haddád. En este texto cargado de sentido, tan misterioso como admirable, Hallaj se hace consciente del sello de la santidad que el desenlace fulminante de su vida va a imprimir a tantos signos premonitorios; ve su predestinación de testigo entregado por anticipado a su único «por completo solo»; presiente su resurrección futura, y la ve en esta última chispa de incienso que brotará de la nafta en que va a arder su cadáver, habiendo sido arrebatado anticipadamente a la explanada de su inmediato suplicio, para allí llorar sobre la muchedumbre espectadora, ignorante, estupefacta, tan insensible mañana a sus torturas, como oidora indiferente ayer de sus llamamientos extasiados. Erigido en una diana llameante frente a los rostros fratricidas de los altos funcionarios, provocadores de crisis y de disputas, que su fuego hace resaltar y que él sondea. Fue golpeado en lugar de ellos por la justa sentencia del soberano Juez.

# IV.
## AL-HALLAJ Y LA LITERATURA ÁRABE

Este gran sufí ha fomentado en la comunidad islámica el deseo de la reforma política. Se dice que muchas personalidades de la clase política y social alta de su tiempo han visto en él al líder que les inspiraba. Ha expresado en cartas enviadas a sus discípulos y admiradores sus opiniones en relación con la política, hablando en ellas de las obligaciones de las autoridades y de los ministros. Y así ha aumentado el deseo de reformar la sociedad. Esta sociedad que ha puesto sus esperanzas en Hallaj, el cual se dirigía a menudo a las autoridades pidiéndoles un cambio radical en el curso del gobierno.

Pero esto, en opinión de algunos estudiosos, ha sido una práctica insuficiente y superficial porque la injusticia no desaparece con la llegada de un gobernante justo, sino con otras condiciones adicionales más profundas. Este personaje ha sido una amplia fuente de inspiración que ha superado los límites de los religiosos y los interesados en el sufismo, para abarcar una gran parte de la humanidad, por encima de sus tendencias ideológicas y religiosas. La personalidad de este filósofo y sus opiniones han servido como medio para penetrar en la historia y el patrimonio en un viaje estimulante de descubrimiento y meditación. Los intelectuales y escritores en su búsqueda por los laberintos de la historia no han encontrado signos de fanatismo religioso y parcialismo ideológico en Hallaj. Por ende, ha sido para aquellos como la antorcha que ilumina el oscuro camino de la humanidad y lo han considerado como un líder popular para las generaciones anteriores y un modelo de luchador por la libertad y la justicia para el ser humano contemporáneo[22]. Su concepto de la religión le empuja a decir palabras como éstas: «Pensé, meditativo, en las religiones y las encontré un tronco con varias ramas». Esta actitud convence, sin duda, a todo tipo de personas religiosas o no, porque para él la religión no es un signo de identificación: «No preguntes por la religión del hombre».

Los escritores árabes han descubierto tarde los ricos elementos de la personalidad de Hallaj para ser utilizados en su producción literaria, en comparación con los escritores de otras naciones como indios, turcos y persas que reflejaron a este personaje en sus poemas, cuentos, obras teatrales, etc., elogiándole y buscando algunos detalles de su vida, sus creencias, sus opiniones y su muerte. La poesía árabe moderna se ha aprovechado de los mitos y los símbolos de un modo desconocido anteriormente hasta que estos elementos han llegado a formar una parte esencial del poema árabe; además han ofrecido al poeta una capacidad de expresión mucho más grande y unos horizontes con dimensiones más amplias. Y como uno de los grandes sufíes del Islam, Hallaj ha tenido una presencia incomparable con otros en la cultura árabe y sobre todo en la poesía. Su vida ha sido una página de heroísmo, de lucha y de principios que defendió hasta la muerte. En la historia árabe moderna donde los pueblos han sido duramente castigados, el ansia de un salvador, un agitador de conciencias, un revolucionario verdadero y fiel se ha hecho patente en la mente de intelectuales y escritores.

---

[22] Cfr. W. S. ALKHALIFA, *Al-Hallaj como fuente de inspiración en la Literatura Árabe* (Universidad Autónoma de Madrid 2003).

Hallaj, al ser poeta, sufí, filósofo y político, reúne en él muchos elementos, convirtiéndose en uno de los personajes más admirado y mencionado en las producciones artísticas de la época moderna. Además, su vida y su violenta muerte han fortalecido este papel. La tolerancia religiosa e ideológica que ha caracterizado a Hallaj ha provocado la admiración de muchos pueblos y no sólo el árabe que ha sentido sobre todo en la actualidad la necesidad de estos factores que pueden construir otra vida distinta. La poesía árabe ha aprovechado hasta el máximo el mito de Hallaj, tomándolo como máscara, como una experiencia completa, donde se han utilizado sus opiniones, sus posturas, su pensamiento e incluso sus propias palabras. Por su parte, el teatro árabe se ha beneficiado de los elementos dramáticos que ofrece este personaje, ya que tuvo una vida tensa, llena de conflictos y de discrepancias y una muerte violenta y trágica que le acerca a un personaje prototipo en el teatro para tratar temas de una gran magnitud e importancia.

# V.
# EL ESPÍRITU FRANCISCANO FRENTE AL ISLAM

**Francisco de Asís (1182-1226),** hijo de un rico pañero de la ciudad, en 1207 abandonó a los suyos para vivir como ermitaño. Muy pronto se vio rodeado por varios discípulos que adoptaron su regla de pobreza, aprobada por el Papa Inocencio III en 1210, a quienes se les llamó hermanos menores. Desde entonces, los franciscanos, pobres monjes y mendigos, vivían de limosnas, fieles al ideal evangélico de paz y pureza, predicando por toda Italia. Esta orden reunió su primer capítulo general en 1215 y más tarde se instaló en Francia, Inglaterra y los restantes países occidentales.

La vida de Francisco de Asís tuvo una resonancia considerable en toda la cristiandad latina y marcó profundamente a la Iglesia romana y a las formas de vida religiosa de Occidente. Los vínculos entre el franciscanismo y el papado se estrecharon todavía más cuando el cardenal Ugolino de Conti, protector de esta orden religiosa, fue nombrado Papa bajo el nombre de Gregorio IX. A él se debe la canonización de Francisco de Asís en 1228, dos años después de su muerte.

Francisco de Asís, lejos de desinteresarse del mundo, fue un conquistador, un misionero al servicio de una fe y de una causa. Cuando joven, había sido combatiente del ejército de Asís frente a las tropas de Perusa, y como soldado del ejército del Papa se había batido contra el emperador en Apulia. Después de un intento fallido por llegar a Tierra Santa, la idea de convertir a los infieles le condujo primero a España y, luego, a Egipto. Por ello, algunos autores modernos le declaran como el profeta de la Iglesia para el Islam. Dos intentos fracasados precedieron el viaje del hermano de Asís a la tierra de los musulmanes, llamados entonces sarracenos. La ocasión llegó cuando el ejército cristiano decidió acampar en Damieta, Egipto, para enfrentar al sultán Melek-el-Kamel. Se dice que Francisco intentó, sin lograrlo, disuadir al Papa Honorio III (1216-1227) para que desistiera de enviar la Cruzada, incluso profetizó una terrible derrota. La profecía se cumplió después de un año de batallas y escaramuzas y aun cuando el sultán les ofrecía generosamente la paz, los cruzados sucumbieron ante las huestes sarracenas.

Es entonces, el año 1219, cuando Francisco, junto con otros doce hermanos, parte para Damieta, con una iniciativa totalmente pacífica encaminada a convertir a los musulmanes. Durante una tregua Francisco logró ser recibido por el Sultán Malek-el Kâmel, donde se ofreció como rehén y se sometió a la prueba del fuego para probar la verdad de su fe. Por esto Francisco recibió en Alverna (Italia) los estigmas, como expresión del amor de Cristo crucificado por la humanidad. La situación se produce gracias a su aspecto humilde y, según el parecer de Louis Massignon, el hábito de lana burda que vestía, muy parecido al de los sufíes, los famosos místicos musulmanes llamados así precisamente por su vestido[23]. Posiblemente el consejero espiritual del sultán, que pertenecía a una escuela dentro del movimiento del sufismo, posibilitó aquel encuentro, como relata de la inusual reunión un texto árabe que el mismo Massignon descubrió en 1951. Francisco

---

[23] El vocablo *suf* significa lana.

no logró convertir al sultán o, en todo caso, morir mártir por la causa de Cristo, pero creó un marco extraordinario en las circunstancias de aquel entonces. Además, se mereció la admiración del sultán quien, reconociendo que el cristianismo era una religión buena, otorgó un salvoconducto al santo para poder visitar junto a sus hermanos las tierras de dominio árabe. Se dice que incluso le obsequió con un clarín (cuerno) con el cual el santo enviaba sus frailes a misión. Aquel fue el origen de la Custodia de Tierra Santa, expresión de la voluntad e ilusión misionera que Francisco infundió en sus hermanos y que hasta el día de hoy mantiene su presencia cristiana en los lugares santos.

La madre de Francisco era francesa y su padre había vivido mucho tiempo en Aviñón y, por tanto, había tenido la influencia de la cultura francesa y de los *troubadours*[24]. Francisco, en contacto directo con este ambiente, quiso ser el «juglar de Dios» y sus prédicas terminaban en "efusiones líricas". En ellas transcribía el gusto por lo familiar y lo pintoresco, con lo cual resultaban muy accesibles para el pueblo. En 1224, Francisco, por primera vez, celebró la Navidad en una gruta. Su visión del mundo correspondía más a la de los laicos que a la propia del clero; su mentalidad era la de los hombres de su época y su amor por la naturaleza se adecuaba perfectamente al gusto de los ciudadanos de la Umbría.

Como afirmó Fray José Rodríguez Carballo, casi ochocientos años después, san Francisco de Asís sigue siendo un modelo a seguir en el diálogo con los musulmanes, y así lo constató en Marruecos como ministro general de la Orden de Frailes Menores. Y recordó asimismo los pilares de la espiritualidad franciscana, que llevaron al «Pobrecillo de Asís» a fundar comunidades en Marruecos, al visitar a los frailes que forman parte de la Federación Franciscana en ese país, con

---

[24] Poeta provenzal de la Edad Media, que escribía y trovaba en lengua de *oc*.

ocasión del Capítulo. Los primeros Frailes llegaron a Marruecos enviados por san Francisco el año 1219. A ellos se unió un pequeño grupo en el 1227. Desde entonces, los Frailes Menores ha estado presentes de forma continuada hasta el día de hoy, a excepción de dos breves interrupciones, la primera en el siglo XVI y la segunda en el siglo XIX. Los Frailes Menores se han dedicado, sobre todo, al servicio de los cristianos prisioneros y a obras de desarrollo socio-cultural. Hoy en día están en actitud de diálogo con la cultura y la religión islámica, y de colaboración con las instituciones locales. Actualmente hay en Marruecos cerca de treinta Hermanos Menores, distribuidos en once casas.

En Marruecos, «*dar islam*», es decir «casa del Islam», «el contexto mismo os obliga a subrayar algunos de los valores típicamente franciscanos, tales como: la oración, la fraternidad, la renuncia a toda voluntad de poder», según dijo en aquella ocasión el superior en la homilía que les dirigió al concelebrar la eucaristía con sus hermanos en religión en Rabat. «Con vuestra vida y misión estáis llamados a asegurar la presencia franciscana en Marruecos y a contribuir eficazmente a la vitalidad de la Iglesia en este país», añadió. El padre Rodríguez Carballo repitió literalmente los mismos consejos que dejó san Francisco a los franciscanos que partían para Marruecos: «"Vivan entre ellos [los musulmanes] espiritualmente", sin promover "disputas y controversias, sino sometiéndose a toda humana criatura por Dios" y confesando "que son cristianos"». «En un ambiente de cruzada, donde "morir por Cristo" o "matar por Cristo" era lo mismo, Francisco propone un camino bien distinto: el camino del Evangelio, que, encarnado en la vida, comporta evitar las "disputas y controversias", y se transforma en servicio "a toda humana criatura" por Dios», recuerda aquel ministro general. «¡Realmente revolucionario! —exclama— Francisco no sólo es el primer fundador que puso en su Regla un capítulo sobre las misiones, no sólo fue el primer misionero moderno, sino que fue el primer promotor de la pedagogía del "diálogo de la vida" con aquellos que aparecían como el gran peligro de la "cristiandad"». «En un momento de guerra entre la cruz y la media luna, Francisco optó, en un modo que no dudaríamos en calificar de profético, por el "diálogo del corazón", el "diálogo de los pobres". En un momento de grandes disputas y de grandes controversias, en momentos de fuertes luchas, Francisco, sin condenar personas, no tiene otra preocupación que la de vivir el espíritu de las Bienaventuranzas». «Estoy plenamente convencido de la actualidad de esta forma de misión», concluyó. «No olvidéis nunca que la primera forma de evangelización es "la predicación con la vida": La Buena Nueva debe ser proclamada, en primer lugar, mediante el testimonio»[25].

**Ramón Llull** (Palma de Mallorca, c. 1232-Palma de Mallorca, 1316), vivió también la convicción de convertir en cristianos a los musulmanes en el corazón de la religión coránica; la idea misionera de salvación universal, que subyacía en tantas empresas medievales, informó su vida entera. La manera de hacer presente el mensaje cristiano se inicia con el amor y la amistad hacia los que se ha sido enviado, estando dispuesto hasta el martirio. Después se podrá explicar el contenido de la fe cristiana. Llull cree que el mejor método para la conversión es apelar al intelecto de los que escuchan el mensaje, ya sean judíos o árabes, demostrándoles el error en el que viven, apartados de la luz de Cristo; y probando, a la vez, la racionalidad de la verdad cristiana. Para esto, es imprescindible conocer la cultura de quienes reciben el mensaje cristiano.

El testimonio y el mensaje de Ramón Llull se podría resumir con estas palabras: «pasión por el diálogo». Llull nació en Palma de Mallorca, donde no tardó en convertirse en paje del rey Jaime I, a quien siguió en todos sus viajes. Preceptor y

---

[25] RABAT, lunes, 5 abril 2004 (ZENIT.org).

más adelante mayordomo del infante, el futuro Jaime II, se casó pronto con una noble y rica heredera, de la que tuvo dos hijos. Entregado al placer e incluso a la lujuria, sin dejar de escribir poemas en catalán, llevó una vida mundana y suntuosa. Pero, en 1262, la visión repetida de Cristo crucificado, junto con el encuentro, quizá legendario, de la bella Ambrosia, roída por un cáncer, en la catedral de la Ciudad Condal, cambió de la noche a la mañana su vida.

Súbitamente arrepentido, Llull se convirtió a una vida consagrada por completo al Evangelio y, en particular, al apostolado de árabes o judíos. Abandonó a su familia y toda su fortuna para hacerse terciario franciscano; peregrinó a Montserrat, Compostela y Rocamadour, y realizó posteriormente, durante nueve años, serios estudios superiores en la misma Mallorca, encrucijada de las culturas orientales y occidentales.

En 1272, Llull se retiró al monte Randa, no lejos de Palma, donde recibió la iluminación divina y su vocación evangelizadora. En el Monasterio de la Real escribió su *Ars Magna*. Después, en Montpellier, obtuvo de Jaime I subsidios para construir y dirigir en Miramar de Mallorca un colegio franciscano dedicado a la enseñanza del árabe. De ahí en adelante, el «trovador de Cristo» recorrerá incansablemente el vasto mundo para combatir en favor de su ideal de unidad y de reforma moral de la cristiandad, así como el de la conversión de los musulmanes, e incluso del universo pagano; se le encuentra sucesivamente en Roma, París, Abisinia, Bolonia, Armenia, Nápoles, Pisa, Génova, Egipto, Siria, Malta, Palestina, Sicilia, Túnez y hasta con los tártaros. Discute sin cesar con los musulmanes, en ocasiones tolerado, en otras encarcelado, lapidado o expulsado.

En París, se alzó sobre el averroísmo latino que enseñaba la doctrina de la doble verdad: la de la razón y la de la fe; según el filósofo catalán, por el contrario, la razón es capaz de probar la verdad de los dogmas.

Fue recibido por Felipe el Hermoso, y obtuvo el apoyo de los diversos reyes de Cataluña-Aragón y de los reyes de Sicilia. El Concilio de Viena accedió a algunas de sus demandas al decidir la fundación de cátedras de lenguas orientales y la organización de nuevas misiones. Pero el fracaso de «Barbaflorida», como él mismo se denominaba, fue casi total al dirigirse a los papas Nicolás IV, Celestino V, Bonifacio VIII y Clemente V. Desalentado momentáneamente, el infatigable luchador expresó su decepción en los bellos poemas del *Desconhort* (1295). Pero pronto se recuperó y volvió con renovado ardor a la obra de evangelización, predicando y polemizando tenazmente. Fue también ésta la época de sus grandes obras, desde el *Arbre de filosofía d'amor* hasta *Blanquerna*, etc.

Cuando intentaba convencer, una vez más, a los musulmanes de Bugia, en 1315, fue cruelmente lapidado por la multitud, y murió en el barco que lo llevaba a Mallorca. Enterrado en su ciudad natal, muy pronto fue objeto de culto; su beatificación se produjo en el siglo XX.

Sus intuiciones básicas se podrían traducir en tres propuestas: la comprensión razonada y la práctica sincera de las propias creencias; un interés positivo por conocer la manera de ser y de pensar del otro; y el establecimiento de un clima de concordia, potenciador del diálogo entre las sociedades, creando, incluso, instituciones adecuadas.

Surgido de un ambiente cultural muy heterogéneo donde las tres religiones del Libro se codeaban y mezclaban cotidianamente, a la vez que se oponían con ferocidad, Llull asignó como meta de su pensamiento la apología del cristianismo por medio de una razón sabiamente conducida. Su hiperracionalismo estaba sostenido por un misticismo ardiente, una filosofía del amor que da la clave de toda su doctrina y de su conducta. El lulismo quiere que la filosofía sea sierva de la teología, pero también que estas dos ciencias se identifiquen en un último análisis. Reconoce los límites del conocimiento humano, pues solo la contemplación podrá revelarnos sin velos los secretos últimos de la trascendencia. Y, para prepararnos para la iluminación suprema desde aquí abajo, el filósofo mallorquín propuso la búsqueda de la perfección espiritual y social, mediante la rectificación radical del modo de vida de la cristiandad. Como explica Bauçà Ochogavia en *L'exemplarisme de Ramon Llull*, la idea central de su teología es el ejemplarismo metafísico. Para Llull los principios como bondad, grandeza, eternidad, etc. son el fundamento trascendental de su sistema. Son atributos de Dios por su origen y se aplican a todo ser creado o increado. En la creación del mundo, cada uno de estos principios imprimió su semejanza. Son los instrumentos de la acción creadora de Dios y constituyen la estructura fundamental del universo. Estos atributos tienen mucho en común con la teoría neoplatónica de las ideas, utilizada en su tiempo por san Agustín, ya que ellos constituyen los «principios sustanciales de todas las cosas». En su *Llibre de contemplació*, otro de los libros pertenecientes a su *Ars Magna*, Ramon Llull los llama *principis absoluts*. Como san Agustín, Ramon Llull sostenía que el «bien» era un ser, mientras que el «mal» no poseía sustancia, era inmaterial. Solamente si el mundo fuera malo, se podría conjeturar que su creador, Dios, también lo fuese. Pero esto es imposible, puesto que el mundo manifiesta una bondad sin límites que cubre a todos los seres: por ende, Dios es la causa de todo el bien de la Tierra. Pero Dios no solo es bueno, sino que la bondad está en él. Dios es también eterno e infinito; y por su infinitud, infinitamente bueno. Por su esencia misma Dios es el Ser total y dentro de su totalidad se encuentran múltiples atributos o *Dignidades divinas*. Esta concepción penetra toda la metafísica luliana. Dios o el Ser en su esencia total estaba representado por la bondad, grandeza, eternidad, poder, sabiduría, voluntad, etc.

# VI.
## LOUIS MASSIGNON Y LA BADALIYA

En 1919, Massignon fue nombrado profesor del Colegio de Francia impartiendo clases de sociología y de sociografía musulmanas En 1926, llega a ser titular de una cátedra del Colegio de Francia. En 1929, funda el Instituto de Estudios Islámicos y, este mismo año da un curso de noche para trabajadores norteafricanos iletrados; crea en El Cairo, en 1941, el Instituto Dar Es-Salam y llega a ser, en 1947, presidente de los Estudios Iranianos. Desde 1955 hasta su muerte, fue a visitar a la prisión a los detenidos norteafricanos de delitos comunes. Y, como buen seguidor de Gandhi y su pensamiento, realizó acciones no violentas por medio de la oración y el ayuno[26].

En 1927 tuvo, en Londres, un ligero accidente cardíaco, que le hizo pensar en el golpe propinado al corazón cuando tiempo atrás había pensado en suicidarse y su conversión posterior, comprendiendo que no debía vivir simplemente una vida familiar y social, más o menos útil, sino estar a la disposición de las personas, e ir cada año a los países islámicos ofreciendo su vida por ellas. La *Badaliya* o «sustitución», es una «unión de oraciones, entre almas débiles y pobres, que intentan amar a Dios y rendirle gloria, cada vez

---

[26] Cf. J. F. SIX, *Louis Massignon y la vida póstuma de Carlos de Foucauld*, Publicaciones Horeb, Barcelona 1996, 65-77.

más, en el Islam». Su finalidad es «la manifestación de Cristo en el Islam». La *Badaliya* es una simple «sodalidad»[27], que para permanecer como un grupo de hermanos universales, no debe pedir reconocimiento canónico. La «sustitución» se enraíza fundamentalmente en la solidaridad, la fraternidad entre todas las personas a través de Cristo, Jesús muerto y resucitado, el Cristo que se hizo solidario de nuestra humanidad para que nosotros llegásemos a ser solidarios de su divinidad.

Louis Massignon, convertido y marcado por el mensaje de fuego de Foucauld, en vez de seguirle al desierto y ordenarse sacerdote como deseaba éste, escoge el camino de la vida laica y el matrimonio, realizando una considerable carrera intelectual y universitaria. Fruto de su trabajo intelectual y su pasión por el mundo árabe, escuchando a los profetas del exterior que nos hablan en nombre de Cristo, descubre que la auténtica actitud cristiana delante del Islam ha sido realizada por Francisco de Asís y por todos los que han

---

[27] El término sodalidad, poco frecuente, ha sido muchas veces utilizado por Massignon. En el mundo romano la «sodalité» (*Sodalitas*) era una cofradía o una agrupación religiosa «constituida para asegurar la perpetuidad de ciertos sacrificios o la custodia de nuevos cultos» (A. Pelletier). Al principio del s. XVIII, en el momento en que la filosofía se interesa sobre las tradiciones iniciáticas, John Toland publica su libro *Panthéisticon* (1720), muy marcado por el spinozismo, con la pretensión de establecer la «sodalité socrática» de Panthéisticon (Cf. P. NANDON, *La Franc-Maçonnerie*, [PUF, París,1963] 81). Existen hoy en USA numerosas cofradías que han tomado como nombre «Sodality». El *Trésor de la langue française* traduce el original *sodalitas* por «camaradería, corporación, cofradía» y le da el sentido moderno de «convivencia, fraternidad». En el plano religioso, el término «sodalidad» aparece diversas veces a partir del fin del siglo XIX, para indicar una agrupación de fieles en vistas a una obra. Así, León XIII reconoció en 1894 la *Sodalité de S. Pierre Claver*, fundada por la princesa Ledochowska para ayudar las misiones de África.

sufrido como él[28]. Por esto, Massignon, el 9 de noviembre de 1931, entra en la tercera orden franciscana con el nombre de Abraham; y el 9 de febrero de 1934, en Damieta, en el mismo lugar donde San Francisco se sometió a la prueba del fuego por la salvación del Sultán, funda la *Badaliya*, «sustitución». Se trata de unirse en la plegaria para ese fin señalado más arriba, «para la manifestación de Cristo en el Islam». La *Badaliya* es una sodalidad de rito oriental, que agrupa a hermanos de todo el mundo que piden por esta finalidad. Y es precisamente en un rito oriental, melquita, y como realización del deseo póstumo de Carlos de Foucauld, que Monseñor Medawar, con el consentimiento del Patriarca Máximo IV, le confirió el sacerdocio en la Iglesia de Santa María de la Paz, en el Cairo, el 28 de enero de 1950.

He aquí el texto de presentación de la *Badaliya* que Massignon escribió un año antes de su muerte, el día de San Francisco de 1961, gracias a la petición de Jean-François Six:

«La *Badaliya*, nombre árabe que significa "sustitución", ha sido fundada en Damiette, Egipto, para continuar la actitud de San Francisco, que se ofreció en la ordalía[29] del fuego, y de San Luis, que estaba prisionero en esta ciudad, hacia los musulmanes; este pueblo de excluidos, unidos a la promesa del Mesías como descendiente de Agar, y que guarda preciosamente en la imperfecta tradición musulmana, como una huella del rostro sagrado de Cristo que nosotros adoramos, de Issa Ben Maryam,

---

[28]Al hablar de espíritu franciscano, estamos rememorando la actitud de san Francisco frente al Islam, distinta, por cierto, a la de san Bernardo, quien reivindicó el título de "*miles Christi*" para sus monjes contra los enemigos de la Iglesia y sobre todo contra los sarracenos. Cfr. J. HEERS, *Historia de la Edad Media,* Labor Universitaria, Barcelona 1979, 163-165.

[29] Ordalía, o prueba, llamada también «juicio de Dios», que en la Edad Media hacían los acusados para demostrar su inocencia.

que queremos hacer redescubrir en su mismo corazón»

Fundada por dos terciarios franciscanos, Massignon y Mary Kahil, la *Badaliya* se constituye en sodalidad de rito oriental; su protector fue Mn. Pierre K. Medawar, Arzobispo titular de Pélure, Auxiliar del Patriarca Griego Católico Melkita Máximos IV, que firmó el imprimatur de los Estatutos en El Cairo, el 6 de enero en 1947, día de Epifanía. El 5 de febrero de 1949, el Papa Pío XII, en audiencia privada, tocado en su corazón por los estatutos de la *Badaliya* que le expuso el profesor Louis Massignon, la bendijo e hizo editar el escrito, autorizándole a pasar al rito griego católico melkita (árabe) en el espíritu de la *Badaliya*.

Brevemente hay que señalar cómo surgió la amistad entre Massignon y Mary Kahil en El Cairo a finales de diciembre de 1912, en casa de la mujer del cónsul de Austria. Ambos tenían un amigo común, Luis de Cuadra. Massignon lo había conocido en noviembre de 1906 en el barco que los llevaba a Egipto, compartiendo una vida bastante disoluta en Alejandría. Luis de Cuadra, que dejó la fe católica por el Islam, fue el primero que habló de Hallaj a Massignon. En 1912, invitado a El Cairo por el rey Fouad, se entera de que su amigo Luis está enfermo: «Daría mi vida por salvar su alma», dice Massignon a Mary Kahil, que había nacido en Damiette el año 1889. Hacen juntos el voto de ofrecerse en su lugar. Mary Kahil situará allí el origen de la *Badaliya*. Será después de veinte años que se vuelven a encontrar y pronuncian los dos el voto de la sustitución en favor del Islam, en Damiette, el 9 de febrero de 1934, en una pequeña iglesia franciscana, cerca al lugar donde Francisco de Asís se ofreció a la prueba del fuego por la salvación del Sultán. Volverán aquí durante varios años seguidos.

A la vuelta de Damiette, Massignon y M. Kahil se encuentran en El Cairo en casa de los Jesuitas y coinciden con el padre Bonneville, a quien le cuentan el voto que han hecho.

Bonneville pide ser la tercera persona de la *Badaliya*. Y el 18 de julio 1934 Massignon recibe personalmente, de Pio XI, la aprobación de su voto de sustitución de Damiette. La amistad espiritual entre Massignon y M. Kahil es una amistad de fuego que estimula a uno y a otro a vivir el Evangelio en toda su pureza. Massignon da gracias a Dios de encontrar un alma gemela que sienta la misma llamada de intercesión hacia el Islam. Siempre hace referencia a Foucauld, a Francisco de Asís y a la «sustitución» de Teresa de Lisieux[30]. El 20 de julio 1911, en una carta escrita a P. Claudel, reconoce su deuda hacia ella:

> «Creo que debo mucho también, durante esta semana tan dura, a una santa carmelita de Lisieux, la hermana Teresa del Niño Jesús y de la Santa Faz, que murió en 1897. Desde finales de 1908 me han pedido rezar por la causa de su beatificación cursada en Roma y a leer sus obras literarias a lo que me resistía. Pero este sacrificio me ha dado la consolación de leer su "Vida" ¿La conoces? Es tan humilde su historia y su estilo, pero con grandes luces, lo que muestra que la santidad salta por encima de todos los obstáculos»[31]

Y pide a Mary Kahil el escribir una biografía sobre Teresa de Lisieux, cosa que no pudo realizar y que acometió felizmente Jean François Six[32].

El 5 de septiembre 1949, Massignon escribió a René Voillaume cómo veía él la *Badaliya*:

> «Es una obra de oración, de sacrificio y de sustitución no de conversión, que pretende llevar

---

[30] J. L. VÁZQUEZ BORAU, *Teresa de Lisieux, una espiritualidad evangélica para el siglo XXI,* BAC, Madrid 2004.
[31] M. MALICET, *Correspondence Claudel-Massignon, 1908-1914,* Desclée de Brouwer, París 1973, 285.
[32] J. F. SIX, *Una luz en la noche. Los 18 últimos meses de Teresa de Lisieux*, San Pablo, Madrid 1996.

por la Cristiandad de Oriente y en Oriente, toda la caridad de Cristo a los árabes, hijos de Ismael y a todos aquellos que los árabes han enseñado la fe en el Dios de Abraham. Es Mns. P. K. Medawar, arzobispo griego-católico melkita, quien ha dado a la *Badaliya* el imprimatur a los estatutos resumidos que conoces, pidiéndonos ser prudentes ante el renovado fanatismo de Oriente. Hemos tenido una reunión común en Beyrut, el 26 de agosto, con las Hermanas de Jesús, donde se han hecho algunas precisiones sobre las fuentes de nuestra espiritualidad, a propósito del "retiro Efrem" del padre Foucauld, leído en 1934 y releído este año en la Tebaida, donde Cristo hizo su último retiro con sus discípulos después de la resurrección de Lázaro. Es preferentemente de las obras de Foucauld que sacamos la lectura espiritual, pero hay que indicar que la afiliación de los dos primeros miembros a la tercera-orden-franciscana nos imprime un carácter universal, en Damiette, lugar donde Francisco de Asís y San Luis se ofrecieron por el Islam y donde hicimos nuestra ofrenda por la salvación de un cristiano español que habiendo adjurado de su fe en la mezquita de El Cairo, terminó suicidándose. Tan solo un deseo apasionado de permanecer unidos a Cristo puede hacer esta sustitución real, actual, final, pagando "toda la parte"; y tan solo este deseo puede hacer revivir en las almas la figura de Cristo, y resucitar en su Espíritu, a fin de que Él crezca, en ellas como en nosotros, unidos al "Fiat" de la Bienaventurada Virgen de Nazaret hasta el Juicio final»[33]

---

[33] L. MASSIGNON, *L'Hospitalité sacrée,* Nouvelle Cité, París 1987, 262-263.

Massignon, respecto a la *Badaliya* se refiere a Foucauld, pero más todavía a Francisco de Asís, tal y como lo expresa en su «carta a la *Badaliya*» de Navidad 1950[34]:

«La *Badaliya* no es ni una regla de oración, ni un método sistemático de penetración apostólica, es una puerta a la disposición espiritual ofrecida al deseo de Jesús a las almas, para responder a su llamada en lugar suyo. Es un expatriamiento espiritual para ofrecer por Él la hospitalidad en las otras almas, con toda humildad, pudor y fe. No está prohibido meditar, para profundizar este espíritu, trasladarse por el pensamiento, y cuando sea posible un viaje, a los lugares benditos donde nuestros santos patrones se ofrecieron a las almas en espíritu de la *Badaliya*. Es por esta razón que hemos podido ir a meditar a Tamanrasset, en el lugar donde el padre Foucauld murió, desprovisto de todo resultado apostólico, para comprender mejor en qué consiste una de las dos fuentes de nuestra vocación de sustitución en relación a nuestros hermanos musulmanes. Y felices las almas fraternas de entre nosotros que han podido ir este año, en nombre de todos, a dar gracias en Damietta a San Francisco de Asís por la ofrenda que hizo de sí mismo con Jesús, para convertir y salvar a un alma. San Francisco, tanto como Foucauld, es nuestro maestro en la *Badaliya*, el que ha llevado las señales visibles, los estigmas de la Compasión»[35].

---

[34] Ibid. 403-404.

[35] A propósito de Damiette y de Alverne, un franciscano J. G. JEUSSET, *Dieu est courtoisie, François, son ordre et l'Islam* (Nantes, 1985) 135, ha escrito esto: «*Veo con gran alegría que Louis Massignon es probablemente el primer cristiano que ha captado la importancia del encuentro de Francisco con Al-Malik-al-Kamil. Me parece que en esto*

Mns. Medawar explicará, el 8 de junio de 1967 en una carta a J. F. Six, cómo fue acordado en 1947 el imprimatur de otro texto sobre la Badaliya:

«En 1946-1947, encontrándome en El Cairo como auxiliar, durante más de tres años, de nuestro anciano patriarca Cyrille IX, que quería mucho a Mary Kahil y a Louis Massignon, pero no comprendía bien sus ideas. Ambos me habían iniciado a la *Badaliya*, como un simple movimiento espiritual íntimo, una especie de devoción personal privada, que no debe ser institucionalizado y que no debe comportar reuniónes. Pues bien, una bella mañana, el 6 de enero (Epifanía) de 1947, celebré la divina liturgia en nuestra parroquia de la Asunción en el barrio de Choubra. Al salir de la iglesia, vi a M. Kahil y L. Massignon quienes, con mucha prisa, me presentaron un pequeño texto sobre la *Badaliya* y me pidieron el imprimatur. Después de leerlo rápidamente y no encontrar nada contrario a la fe y a la moral, les di el imprimatur. Después M. Kahil y L. Massignon, los únicos y auténticos fundadores de esta *Badaliya*, han querido considerarme un poco como uno de ellos, como un "protector" contra las objeciones que se les hacían. He asistido en diversas ocasiones en El Cairo a las reuniones de la *Badaliya*, que se tenían y continúan teniéndose en "Dar es-Salam", presbiterio de nuestra parroquia de Sta. María de la Paz. He hablado frecuentemente en favor de este movimiento entre los laicos, los religiosos y las religiosas. He respondido a las consultas que los fundadores me han presentado; he defendido con frecuencia la esencia de la *Badaliya* ante aquellos que piensan que este movimiento podría ser comprendido por los

---

*como en otras cosas, el Poverello tiene mucho que decir a la Iglesia»* .

musulmanes como obra de proselitismo para ganar a alguno de ellos al cristianismo. Es en este espíritu que he rechazado una vez a L. Massignon el erigir la *Badaliya* como una obra parroquial, para que no degenere en simples reuniones de congregacionistas. Es en este espíritu que he sido favorable en aceptar que L. Massignon sea sacerdote de nuestro rito y, bajo el mandato de nuestro patriarca Maximos IV, le he conferido el sacerdocio en nuestra iglesia de Sta. María de la Paz de El Cairo, el 28 de enero 1950, rechazando las opiniones contrarias de la S. Congregación para la Iglesia Oriental»

Mns. Medawar justificó su decisión en una carta ante la Congregación Oriental, por el hecho de la personalidad excepcional de Louis Massignon, y para realizar de manera póstuma el deseo que había expresado Carlos de Foucauld de que Massignon recibiera el sacerdocio.

# VII.
## MASSIGNON UN PROFETA PARA NUESTRO TIEMPO

Massignon fue un visionario de las realidades ocultas. Discípulo de Gandhi y siendo el Presidente de la asociación de «Amigos de Gandhi», éste le había hecho comprender el concepto de «la no violencia» en la vida y obra de Jesús, que proponía sin imponer y no ejercía presión psicológica, y del que debían aprender los que ejercían el apostolado evangelizador, para no caer en proselitismos. Su método de «descentramiento» consistía en centrarse en el otro tal y como es sin imponer ni tratar de cambiar como es.

Fue un «solitario», «un eremita» a contracorriente de la sociedad en que vivía. Se introdujo en el camino de «la soledad creadora», gracias al profundo estudio de la vida del místico Al Hallaj, qué fue un buscador individual, independiente, un caminante solitario y un navegante por estelas no conocidas del desconocido mar de la existencia, que se yergue como un símbolo significativo de la tolerancia y libertad de pensamiento.

Gran parte de las experiencias espirituales, místicas, religiosas y políticas de Massignon tienen un centro común que gira en torno de la idea de «hospitalidad» entendida esta como el derecho «a que toda persona se puede sentir en su casa sea cual sea el lugar de la Tierra en el que se encuentra». Esta idea de hospitalidad estaba fundamentada tanto en la hospitalidad abrahámica con el extranjero, como en la vida de Jesucristo, quien pidió hospitalidad y murió en una cruz aceptando incluso la violencia de sus verdugos.

Abraham emblematiza toda la vida y obra de Massignon: la imagen del que sale fuera de sí, del desposeído, del emigrante, siendo además su persona, símbolo de ecumenismo, ya que es el tronco común del que salen las tres Religiones del libro.

La intercesión entre diferentes religiones fue vivida por Massignon como una necesidad urgente. Él experimentó en su persona el poder místico e interreligioso durante su conversión al cristianismo. Tenía veinticinco años cuando en el Cairo fue hecho prisionero. Durante el encierro, la desesperación lo lleva al borde del suicidio, del que es salvado, desde una íntima distancia, por la irrupción de un extraordinario renacimiento y recibimiento interiores que lo sobrepasan; él relata su experiencia mística como «La visitación del Extranjero».

Es por ello que, años más tarde en 1934, fundó en el Cairo la *Badaliya*, como asociación o solidaridad de oración, sacrificio y sustitución, no de conversión formal, «como una unión de oraciones entre almas débiles y pobres que intentan amar a Dios y rendirle gloria en el Islam permaneciendo como hermanos universales» con el propósito de cooperar con los musulmanes en el conocimiento de Jesús y María, nexo común entre ambos —cristianos y musulmanes—, y que en 1947 Pio XII bendijo y autorizó por escrito para que esta asociación pudiera pasar al rito católico melquita griego. La *Badaliya* tuvo presencia no sólo en varias ciudades del Norte de África, sino también en Europa y Estados Unidos. Pero sobre todo su influjo es indeleble en la «primavera eclesial» del Concilio Vaticano II.

Lo que hay que subrayar, sin embargo, es que sin la fuerza inquebrantable de este hombre por mantener la obra y el carisma de Carlos de Foucauld, hoy probablemente su familia espiritual, no sería la que es. Fue bajo las balas en Macedonia, que se entera de la muerte de su «hermano mayor». Con treinta tres años de edad, muy conmocionado, se considera como un hijo que tiene que continuar la obra de su padre y empieza todas las gestiones necesarias para hacer que la herencia foucauldiana sobreviva, lo que no interesaba a nadie en ese momento.

En 1917 publica el *Directorio*, escrito por Foucauld en 1909 con adiciones en 1913, e impulsa la Unión de hermanos y Hermanas del Sagrado Corazón, que tiene su primera sesión 6 de abril de 1925. Acude a René Bazin, para que publique la biografía de Foucauld, que resulta un éxito editorial, convirtiéndose en la pieza clave para que se conozca el testimonio del hoy San Carlos de Foucauld.

# SEGUNDA PARTE: LOUIS MASSIGNON MÍSTICO

# I.
## LA ESPIRITUALIDAD DE LOUIS MASSIGNON

Massignon era un pionero del diálogo interreligioso, buscando puntos de encuentro entre el cristianismo y el islam. Creía que ambas religiones podían enriquecerse mutuamente y que el diálogo era esencial para la paz y el entendimiento. Su espiritualidad estaba profundamente arraigada en la mística, tanto cristiana como islámica. Experimentaba la oración y la contemplación como medios para acercarse a Dios. Unía el amor a Dios con el amor al prójimo, especialmente a los más pobres y marginados. Dedicó gran parte de su vida a ayudar a los necesitados, sin importar su religión. Y creía en la unidad fundamental de la humanidad y en la existencia de una verdad universal que trasciende las religiones.

¿Cuál es el secreto de Louis Massignon que marcará toda su espiritualidad? Es el Fuego, «este fuego del cielo que, al final, debe quemarlo todo». Como escribió, «este fuego del amor eterno, intolerante e intolerable a toda contaminación, que quemará todas nuestras heridas, sondeando nuestras vacilaciones, nuestras cobardías, nuestros rechazos, este fuego en el que, al atardecer de esta vida, cada uno de nosotros parecerá ser juzgado».

Louis Massignon vivió una «temporada en el infierno», en Egipto, de 1906 a 1907, cuando buscaba una experiencia espiritual que lo ayudara a superar su crisis existencial. En Egipto, Massignon se sumergió en la cultura y la espiritualidad musulmanas, lo que lo llevó a una profunda fascinación por el Islam. Sin embargo, su estancia en Egipto no estuvo exenta de dificultades. Se enfrentó a la pobreza, la enfermedad y la soledad, lo que lo sumió en un estado de profunda angustia. A pesar de las dificultades, este período fue crucial para el desarrollo espiritual de Massignon. Se familiarizó con el Islam de primera mano y comenzó a formular su propia visión del diálogo interreligioso.

A finales de 1906, en el barco que le llevaba a El Cairo, donde acababa de ser nombrado miembro temporal del Instituto Francés de Arqueología Oriental (IFAO), Louis Massignon tuvo un encuentro decisivo con un joven aristócrata español, convertido al Islam, Luis de Cuadra (1877-1921), hijo del marqués de Guadalmina. Decisivo en más de un sentido, porque este "renegado" le introducirá en la homosexualidad y le introducirá en la figura del místico musulmán Al-Hallaj, figura clave en la obra científica y en la inspiración espiritual de Louis Massignon. Esta relación romántica sublimada y a menudo confesada adquirió un significado místico después de su conversión en 1908 a los veinte años de edad. De esta persona central en la juventud del orientalista sólo parecen quedar unos pocos vestigios. En las cartas que dirige a sus amigos convertidos mantiene un recuerdo ardiente e inquietante. También habla de ello más de una vez en *Notes sur ma conversion*, escrito autobiográfico para su confesor, el padre Louis Poulin, en 1922, con añadidos hasta 1943. La muerte de Luis de Cuadra unida a la de su padre, Pierre Roche[36], parece precipitar la redacción de esta confesión:

---

[36] Pierre Roche fue en realidad un pseudónimo utilizado por Pierre Henry Ferdinand Massignon, el padre de Louis Massignon. Pierre Roche fue un artista francés multifacético conocido por su trabajo en escultura, pintura, cerámica y medallística. Fue una figura importante en el movimiento del simbolismo.

«No pensé en escribir la "nota sobre mi conversión" (primer borrador completado el 20 de abril de 1922)... hasta trece años después, cuando la completé ...De mi gran obra sobre Hallâj, y especialmente de la muerte de mi padre (18/1/22) ligada, tan extrañamente, al suicidio de mi amigo Luis de Cuadra y a mi oblación durante trece años por la salvación de esta alma, me demostró que Dios no me soltaba»

Tras su conversión en Mesopotamia en 1908, Louis Massignon cambió radicalmente su vida y la relación con Luis de Cuadra adquirió un nuevo significado. A partir de ahora, el joven converso sitúa este vínculo en el plano espiritual: expresa el deseo de sustituirse por el perdón y la salvación de esta alma «caída». Luis de Cuadra aparece como la primera piedra de una sustitución mística que tomará la forma de *Badaliya*, una unión de oraciones de cristianos que ruegan por la salvación de los musulmanes. Así, a partir de 1913, cuando Louis Massignon residía en El Cairo, invitó a la joven católica melquita Mary Kahîl a pronunciar juntos un «voto de sustitución» por la salvación y el regreso al catolicismo de su amigo Luis, que se encontraba entre los «hermanos perdidos de los Muertos». De este modo, la muerte de Luis de Cuadra por suicidio el 12 de agosto de 1921 adquiere también un profundo significado espiritual, siempre en conexión con la sustitución.

Cuando tiene que abandonar su itinerario, mientras es acusado de espionaje y hecho prisionero a bordo del vapor turco, es un hombre desesperado que remonta el Tigris hacia Bagdad. Incluso intentará golpearse, y es entonces cuando se produce la «Visita del Extranjero», en la noche del 2 al 3 de mayo[37]. Su conversión es ante todo un juicio de Dios: «los ojos

---

[37] En 1907, fue enviado en misión arqueológica a Mesopotamia. En Bagdad fue huésped de la gran familia musulmana de los Alûsi, quienes le introdujeron en el tipo de hospitalidad árabe que honraría durante

cerrados ante un fuego interior, que juzga y quema el corazón», antes de ser el encuentro con el Extranjero, esta «Presencia pura, inefable, creadora, suspensiva de su sentencia a la oración de los seres invisibles, visitantes de su prisión». Es simultáneamente que experimentará, en su propia carne, las llamas del Juicio y el fuego del Amor. Del 3 al 8 de mayo de 1908 vivirá, pues, la manifestación de este Fuego divino que asoló Sodoma.

De estos acontecimientos debemos recordar que la espiritualidad de Louis Massignon está puesta bajo el signo del Fuego del amor eterno, y que está orientada, debido a las circunstancias muy particulares que acompañaron su conversión, hacia el sufrimiento reparador:

> «Yo completo en mí mismo lo que falta en la pasión de Cristo por el amor de su Cuerpo que es la Iglesia, aplicando sus méritos a los que no piensan o creen que la crucifixión de Cristo sigue siendo un mito para el alma de todos aquellos que no participan en ella al no conformarse a la sustitución mística de los pecadores»

---

toda su vida. Fueron los Alûsi quienes lo salvaron de una situación muy peligrosa en el desierto cuando en 1908, durante la revolución de los jóvenes turcos, fue capturado como «espía» y casi asesinado. Esta situación de cautiverio y la experiencia de la espiritualidad musulmana provocaron también su conversión al cristianismo: en peligro de muerte, que lo llenó de una angustia física extrema, primero sintió remordimiento por su vida pasada, hizo un intento fallido de suicidio, cayó en un delirio y en un estado de gran agitación y, finalmente, experimentó la presencia de Dios como una «visita de un extraño», que lo abrumó dejándolo pasivo e impotente, sintiéndose juzgado por haber juzgado durante a los demás, y casi haciéndole perder su propio sentido de identidad. Se recuperó rápidamente de su enfermedad, tuvo una segunda experiencia espiritual y viajó a Beirut acompañado por un sacerdote carmelita iraquí, el padre Anastase, quien lo confesó, confirmando así su conversión al catolicismo.

La espiritualidad de Massignon tiene sus raíces en los acontecimientos que tuvieron lugar del 3 al 8 de mayo de 1908. De ahí su «Fe en el abandono absoluto», que «Hallâj y no Charles de Foucauld me hizo encontrarme a mí mismo, desde las profundidades de mi abismo de indignidad personal, en el Tigris, frente a Salmân Pâk»[38]... En su carta-testamento del 7 de septiembre de 1962, dirigida a Mary Kahil, será aún más explícito:

> «Acepté con un acto creativo, de total abandono, mi merecida condenación, sabiendo que eternamente, en este terrible fuego "di primo amore", habré lanzado sobre mi corazón la dulce mirada de reproche del Amigo crucificado por mí, como a Magdalena, como a Margarita de Cortona, como a María de los Valleés, como a Catalina Emmerick...»

Es en el terreno del contacto entre cristianismo e Islam donde este abandono encontrará su eco más puro, que estará simbolizado por la historia de los Siete Durmientes de Éfeso, que cayó en el olvido en el Occidente cristiano y fue revivida por Louis Massignon: la historia de unos jóvenes cristianos, encerrados vivos en una cueva en el monte Pion bajo Decio (Daqianus) y que despertaron milagrosamente unos 309 años después. El sagrado Corán les dedica una sura (al-kahf, XVIII). Pero su Fe se alimentará también de episodios tomados de la Leyenda de los santos de la Iglesia, incluido el martirio de San Carlos Lwanga y sus compañeros, que refleja de manera singular su propia experiencia del fuego del Amor. Desde el 3 de junio de 1920, día de la beatificación de estos mártires, Louis Massignon rezará diariamente, en el Ángelus vespertino, por la conversión de Sodoma y del

---

[38] L. MASSIGNON, *Salmân Pak and the spiritual beginnings of Iranian Islâm*. Bombay U.P, Bombay, 1955. Este libro trata sobre el primer musulmán iraní, Salman el Persa, y sus logros después de conocer al profeta islámico Mahoma.

uranismo[39], este «pecado contra la caridad», según su expresión. Está claro que los «mártires de la castidad viril», como él los llamaba, pertenecen al secreto de Louis Massignon, bajo el signo del Fuego divino, como lo atestigua una carta a Vincent-Mansour Monteil, fechada el 19 de septiembre de 1960:

> «El martirio de los jóvenes pajes del rey de Uganda en Numugongo, su final atroz y triunfante en la hoguera, es para mí la primera llama del Juicio Final»

Y no serán los únicos. Así evocó en 1962, a propósito del asesinato de un joven cristiano, Naïm, «el voto de pureza que lo consume todo».

---

[39] Los términos uranismo y uranista se usaban en el siglo XIX para aludir a la homosexualidad masculina.

## II.
## EN COMUNIÓN ESPIRITUAL CON ANNE-CATHERINE EMMERICK Y MARIE DES VALLÉES

Anne-Catherine Emmerick (1774-1824) fue una monja agustina alemana conocida por sus visiones místicas y sus escritos sobre la vida de Jesucristo. Massignon quedó profundamente conmovido por la vida y obra de Emmerick. La descubrió a través de las obras de Joris-Karl Huysmans, un escritor francés que también era un devoto de Emmerick. Massignon vio en Emmerick un alma gemela, alguien que, como él, había experimentado la unidad con Dios a través del sufrimiento y la contemplación. Encontró en sus escritos una confirmación de sus propias intuiciones espirituales y una fuente de inspiración para su propio viaje espiritual.

La influencia de Emmerick en Massignon se puede ver en su énfasis en la importancia del sufrimiento, ya que, tanto Emmerick como Massignon creían que el sufrimiento podía ser un camino hacia la unión con Dios. Massignon se refirió a menudo a Emmerick como un ejemplo de «mística del sufrimiento». También les unía su devoción a la Virgen María, a quien veían como un modelo de amor y compasión. Y finalmente también les unía su interés por el Islam, pues, Emmerick tuvo visiones de la vida del profeta Mahoma, y Massignon se convirtió al Islam después de una experiencia mística en Irak.

En general, la relación espiritual entre Louis Massignon y Anne-Catherine Emmerick fue profunda y duradera. Massignon encontró en Emmerick una fuente de inspiración y confirmación para su propio viaje espiritual, y su legado continuó influyendo en su pensamiento y obra hasta el final de su vida.

Louis Massignon se había apegado a Anne Catherine Emmerich, la clarividente de Dülmen, y a su «increíble vocación de compaciente ordenada a lo universal». No es exagerado decir que sentía una admiración extrema por la mujer que un día diría:

«Desde mi infancia pedí por las enfermedades de los demás. Tenía el pensamiento de que Dios no envía sufrimiento sin una causa particular, y que siempre hay algo que pagar por ello. Si el sufrimiento a menudo pesa tan cruelmente sobre uno de nosotros, se debe, me dije, a que nadie quiere "ayudar a pagar la deuda"»

¿Hasta qué punto Louis Massignon le confió su vida? Su «querida pecadora», como él la llamaba, lo guio en cada momento importante de su existencia. Visitó su tumba cinco veces en Dülmen, desde su compromiso el 6 de septiembre de 1913. Recurrirá a ella en otras circunstancias. como lo hizo en otras ocasiones con Santa María Magdalena, o a Nuestra Señora de La Salette a quien confiará la muerte de su hijo mayor, o a Santa Cristina la Admirable o a Santa Liduina de Schiedam.

¿Hasta qué punto, finalmente, se sintió reforzado en su propia vocación por el sufrimiento ejemplar de «esta pequeña monja cuyo corazón está partido en pedazos»? Una cosa es segura: habiendo sido testigo del Amor hasta la muerte, la mujer estigmatizada de Dülmen participa del secreto de Massignon.

Los estigmatizados, los «compacientes», ocupan un lugar particularmente importante en la espiritualidad de Louis

Massignon, como «palomas apuñaladas», según su expresión, es decir como «rescate» de los pecadores por los que ofrecen sus sufrimientos, particularmente aquellas que Louis Massignon también designa con el nombre de «palomas», profanadas, palomas sin embargo. Por eso toda su vida soñó con estar asociado con una de ellas, a la manera de Jacques de Vitry con Santa Cristina la Admirable o de un San Juan Eudes con Marie des Vallées. Sin embargo, si no pudo encontrar a Marie-Julie Jahenny, la estigmatizada de Fraudais, recibió la gracia de la amistad, en 1922-1923, de una «joven rara y radiante»: Violet Susman (Hermana María Agnès), que «"sacralizaba" a las almas de los muertos de Japón», mediante un voto. Diversas circunstancias no le permitirán asociarse verdaderamente con él; todavía tendrá la audacia de predecirle, un día de 1923, que sería sacerdote; él, sin embargo, le dará testimonio de su amistad con Japón.

Entre los «compacientes», surge otra figura del universo espiritual de Louis Massignon. Se trata de Marie des Vallées (1590-1656), la «santa de Coutances», cuya vocación era «sufrir más allá de lo que parece posible» y cuya existencia está marcada con el sello de «este descenso a los infiernos y desde allí resucitar y liberar a las almas» y que constituye el secreto de Louis Massignon. Había estudiado detenidamente, con Émile Dermenghem, la vida de Marie des Vallées, que cargó con «la culpa de todos los pecados», a la manera de Jesús en la Cruz, por amor al Amado:

«Este Amor divino es más terrible y sabe hacernos sufrir mejor que la misma Justicia. Todo lo que la Justicia me hizo sufrir en el infierno no es comparable con lo que el Amor divino me hizo soportar estos doce años. Amo la Justicia divina, la encuentro maravillosamente bella, dulce y placentera, pero el Amor es cruelmente riguroso y terrible»

Estamos aquí, con Marie des Vallées, en el corazón de la espiritualidad de Louis Massignon. Un día en que la «compaciente» se quejaba a Cristo de que Santa Gertrudis era «toda acariciada por Él», mientras que ella misma era tratada con tanta dureza, el Amor divino le respondió que «las almas que caminan por el camino de Santa Gertrudis, que es un camino de delicias y consuelos, fueron esposas de la gloriosa Humanidad de Nuestro Señor, pero (que) las que fueron esposas de la Divinidad fueron conducidas con vara y con rigor». Así, las circunstancias de su conversión colocaron a Louis Massignon del lado de Marie des Vallées y de las «esposas de la Divinidad».

Además, el 17 de noviembre de 1924, hizo el mismo voto que Marie «de ser condenado eternamente por los pecadores y por todos los hombres, si tal es la voluntad de Dios». De hecho, este voto prolonga su acto de donación a Dios del 24 de julio de 1908, cuando eligió «un infierno de dolor abrazando la divinidad de Jesús, en lugar del Paraíso amándolo menos», como escribió a Paul Claudel en 1912. Forma parte del encargo de esta ofrenda que hizo de su vida por sus «hermanos perdidos», comenzando por Luis de Cuadra. Él mismo concluyó, en los últimos momentos de su existencia, que «fue sin duda desde el fondo de la Sodoma espiritual, desde el infierno de "Il Primo Amore"», donde Jesús descendió para reavivar el fuego de la hospitalidad extinguida que brotará adelante la indignación salvadora del Juez.

Louis Massignon no inventó una nueva espiritualidad. Se inspiró en el ejemplo de los amados de Jesús, los estigmatizados como San Francisco, los «compacientes» como Ana Catalina Emmerick, los mártires, en fin, como los jóvenes pajes de Uganda. Pero vivió plenamente la vida de quien se entrega al Amor divino. No podemos dudar, por ejemplo, de que deseaba los estigmas y buscaba el martirio.

Vivió, sobre todo, de la caridad. Porque si es posible constatar que en los albores del tercer milenio, el camino de la compasión restauradora que constituyó el fundamento de toda su espiritualidad pertenece a otra época, la de Léon Bloy, de Huysmans, a menos que no quede reservada a unas pocas almas selectas, ya que Cristo todavía está en agonía y lo estará hasta el fin del mundo, no deja de ser cierto que respecto a la Iglesia que nació del golpe de lanza, de la Iglesia sufriente, Louis Massignon, «testimonia el evangelio de caridad que se nutre del don gratuito de uno mismo hasta la muerte».

No se trata pues de una nueva espiritualidad, sino de un testimonio, a veces violento, de este deseo de Justicia que seguirá siendo mantenido por el recuerdo de su «condenación en Kerbéla» y el recuerdo de la Visitación del Extranjero, bajo el signo del misticismo de sustitución:

«¡Ay de aquel que "místicamente" se sustituye por los pecadores, que se siente quemado, en la punta virginal de su conciencia tan cargada, por la impureza satánica de ciertos fariseos consagrados que no reconocen su derecho a decir la verdad, porque son "publicanos"»

Ninguna nueva espiritualidad, sino un testimonio de lealtad hacia sus «hermanos perdidos», los homosexuales, a quienes no traicionó, sino a quienes se ofreció a «sustituirlos», cuando sufrieran demasiado.

Lo que quizás, al final, hay que recordar como lo más innovador en la espiritualidad de Louis Massignon, con un mensaje profético, que no está "acabado", es la lealtad: Fátima, la hija del profeta del Islam[40], *Meryem Ana Evi* (la Casa de Nuestra Madre María), en Éfeso, este tipo de fidelidad amorosa que perdurará hasta el fin de los tiempos en el corazón de los creyentes sinceros, a imitación de Salmân al-Farisi: «Que muera y viva amigo fiel, como tú... que no traicionaste».

---

[40] La hija del Profeta del Islam, la hiperdulía de la que es objeto entre los musulmanes chiitas, que representa lo eternamente femenino para los chiitas como la Virgen María es el modelo de toda espiritualidad femenina para los cristianos.

## III.
# HENRY CORBIN DISCÍPULO DE LOUIS MASSIGNON

Henry Corbin (1903-1978) y Louis Massignon (1883-1962) fueron dos figuras importantes en el estudio de la mística islámica y la filosofía oriental. Su relación intelectual y espiritual fue profunda y duradera, y tuvo un impacto significativo en el desarrollo de sus propios pensamientos y en el campo de los estudios islámicos en general. Massignon fue el primero en introducir a Corbin en la mística islámica, particularmente en la obra de Ibn Arabi, un filósofo y místico sufí del siglo XIII. Esta introducción fue fundamental para el desarrollo del pensamiento de Corbin, que se centró en la exploración de las dimensiones interiores y contemplativas del Islam. Ambos estaban profundamente comprometidos con el diálogo interreligioso y creían en la importancia de comprender las tradiciones religiosas desde adentro. Su relación fue un ejemplo de este tipo de diálogo, ya que se desafiaron y enriquecieron mutuamente a través de sus intercambios intelectuales y espirituales. Sus trabajos intelectuales ampliaron significativamente la comprensión del Islam en Occidente. Ayudaron a mostrar que el Islam era una tradición rica y compleja con una profunda dimensión espiritual, y desafiaron la visión estereotipada del Islam como una religión puramente legalista y dogmática.

Henry Corbin[41], «estudiante de árabe perdido entre los lingüistas», encontró refugio en la Sección de Ciencias Religiosas de la École Pratique des Hautes Études donde fue alumno de Massignon, a partir de 1928. También le sucederá en 1955. De estas lecciones comenta Henry Corbin:

«Ciertamente, el maestro distribuyó a principios de año un programa que distribuía un tema general en un cierto número de lecciones. ¡Pero de qué sirven los programas! Sucedió que una lección comenzaba con algunas de aquellas deslumbrantes intuiciones de las que era pródigo el gran místico Massignon. Y entonces se abrió un paréntesis, luego otro, luego otro... Finalmente el oyente se encontraba aturdido y perdido en medio de la disputa del maestro con la política británica en Palestina... Pero era necesario ver en ello, y todos lo vimos en él, sólo un aspecto necesario de la pasión que ardía en Massignon. Doce años más tarde, en 1940, Henry Corbin, entonces en Estambul, para una misión de seis meses que duraría hasta el final de la guerra, recibió allí a Louis Massignon, para su última misión cultural antes de 1945: una conferencia sobre "El martirio de Mansour Hallâj como motivo de inspiración en el arte", de la que el propio Massignon dijo: "Una conferencia sobre Hallâj en Estambul me permitió

---

[41] Henry Corbin (París, 14 de abril de 1903-París, 7 de octubre de 1978) fue un islamólogo y filósofo francés, relevante por haber sido el introductor de Heidegger en Francia, así como uno de los primeros y principales estudiosos occidentales del Islam chií. Fue discípulo de Louis Massignon, al que sucedería, tras prolongadas estancias en Turquía, Siria, Líbano, Egipto, y, sobre todo, en Irán, en la Cátedra de Islamismo y Religiones Árabes, siendo director del Departamento de Ciencias Religiosas de la École Pratique des Hautes Études de 1954 a 1974.

dar testimonio y agradecer a varios amigos de una manera inesperada"»

Sabemos del vínculo privilegiado que Henry Corbin mantuvo hasta el final de su vida con los participantes de las sesiones de Eranos[42]. Estuvo en Ascona todos los años de 1949 a 1978. Louis Massignon también fue invitado con bastante regularidad, desde 1937 hasta 1955. Se encontraron allí en dos ocasiones (1950 y 1952), compartiendo el espíritu del lugar, con Mircea Eliade o Jung. En 1954, los dos orientalistas mantuvieron en Teherán, «algunas conversaciones memorables», que inspiraron a Louis Massignon uno de sus artículos más singulares: *«La noción del voto y la devoción musulmana a Fátima»* (1956).

De este largo intercambio intelectual, le correspondió a Louis Massignon elaborar este balance, que conserva algo de relación de maestro y discípulo, pero que se dirige tanto al hermano en la fe como al compañero de trabajo, dándole este sentido particular por parte de Louis Massignon:
«De nuestro encuentro espiritual, querido amigo, quisiera que recordaras sólo dos puntos: que frente a la Trascendencia del Lugar Santísimo, que debemos soportar como el pico del buitre en el hígado de Prometeo, es sólo el exceso de humildad el que nos salva, al postrarnos en un fracaso increíble que

---

[42] El Círculo de Eranos (*celebración compartida*) es un grupo de discusión intelectual dedicado a los estudios humanísticos y religiosos, así como a las ciencias naturales. Se ha reunido anualmente en Suiza desde 1933. Este evento ha servido como punto de contacto para pensadores de diferentes campos del conocimiento que van desde la psicología profunda y la religión comparada hasta la historia, la crítica literaria y el folclore, y proporciona un entorno y un grupo agradable dentro del cual discutir todo asunto espiritual.

debemos obtener de nosotros mismos, al dejar de estimar nuestro acto supremo de adoración. Y que, ante la miseria de los demás, que no lo adoran, tenemos este gran desgarro del corazón que es la verdadera Imaginación creadora, este *sharh al-sadr* donde deseamos sufrir para que ellos sean felices; porque es por ellos que Dios nos creó, para que con Él y como Él muramos por ellos, porque esta es la Encarnación sin la cual no les sería concedida la Teofanía, este sabor amargo del pan del exilio, este terrible sabor del Vino de la lanza, Vino extraído del fondo del infierno, del fondo de la nada, pero de su materialización, por tanto de su aniquilación; no sólo del concepto de ignorancia, (*nakira*), sino de la aniquilación de todo entendimiento (*ma'rifa*), de la ignorancia»[43]

El "testamento" de Louis Massignon es una carta que este dirige a Henri Corbin, cuando Massignon tenía entonces setenta y seis años, de la que se desprende que confió a su «más que discípulo» una misión póstuma. Los términos de esta carta son inequívocos:

«Eres tú, en el fondo, quien está más cerca de mi pensamiento, cuya vocación está más cerca de la mía, *sub specie aeternitatis*, y cuando "me vaya", cuento contigo primero para defender la amistad sagrada que Dios me inspiró hacia Mansûr Hallâj y Fâtima Zahrâ, y, a través de ellos, hacia Salmân y Muhammad». Y añade: «A este matiz mío, que usted también ha mencionado en sus obras: que estoy a favor del Wahdat al-Shuhûd[44], y que estoy a favor de

---

[43] Carta de L. Massignon a H. Corbin, el 8 de julio de 1958.
[44] Es una interpretación mística en que la Unidad con lo Contemplado no implica una concepción panteísta, de retorno en que la condición personal se diluye, sino un *diálogo*.

la superioridad del "fiat" de María, por lo tanto, de la humanidad redimida, en el acto de adoración de los Ángeles»[45]

En esta misma carta, pedía a Henry Corbin que le ayudara, a través de su oración, a «cumplir su palabra» para la realización de la 21 edición de la «Pasión de Hallâj». No es la oración de su «más que discípulo» lo que Louis Massignon echará de menos, sino más simplemente el tiempo, e incluso la salud física. Además, para «contribuir a su esfuerzo», Henry Corbin había emprendido la edición del Comentario sobre las paradojas de los sufíes, de Rûzbehân Baqri Shîrâzi, una obra «en la que se encuentra, junto con su comentario, la clave de las obras de Hallâj».

Louis Massignon finalmente pidió un corpus sobre Fátima, esta figura femenina excepcional, tan olvidada por los orientalistas que prefieren el estatus actual de la mujer en el Islam y tienen cuidado, a este respecto, de referirse a lo que su ejemplo aún puede evocar, después de catorce siglos, en los corazones de las jóvenes musulmanas de nuestro tiempo y no sólo en Irán. En cualquier caso, en 1959, Louis Massignon escribió a Henry Corbin:

«He estado pensando en ello durante cinco años, y creo que si pudieras, a pesar de todos tus proyectos anteriores, hacerte cargo de este "Corpus", bendeciría a Dios por ello; porque puede ser un poderoso medio de unificación entre chiismo y sunismo, islam y cristianismo»

A este "testamento", Henry Corbin respondió, de varias maneras, provocando una sesión solemne de homenaje, en Teherán, el 4 de diciembre de 1962. Y en una Entrevista de 1978 Corvin afirma:

---

[45] Ibid., carta del 17 de septiembre de 1959.

«No pudimos escapar de su influencia. Su alma de fuego, su intrépida penetración en los arcanos de la vida mística del Islam, donde nadie había penetrado todavía de esta manera, la nobleza de su indignación ante la cobardía de este mundo, todo esto inevitablemente dejó su huella en el espíritu de sus jóvenes oyentes»

Lo que no impidió a Henry Corbin resaltar, cuando lo consideró necesario, las divergencias, los «matices de opinión», según su expresión, que lo distinguían de su «maestro», siempre de una manera discreta.

El legado de Corbin y Massignon continúa teniendo un impacto significativo en los estudios islámicos y en el diálogo interreligioso. Su trabajo ha inspirado a generaciones de académicos y buscadores espirituales, y sigue siendo una fuente importante para comprender la profundidad y la belleza de la mística islámica. En resumen, la relación entre Henry Corbin y Louis Massignon fue una colaboración intelectual y espiritual fructífera que tuvo un impacto profundo en el estudio de la mística islámica y la filosofía oriental. Su trabajo amplió nuestra comprensión del Islam y contribuyó al diálogo interreligioso.

# IV.
# LOUIS MASSIGNON
# Y LA NO VIOLENCIA DE GANDHI

Louis Massignon, intelectual francés y erudito del Islam, y Mahatma Gandhi, líder del movimiento independentista de la India, fueron dos figuras excepcionales del siglo XX que se unieron por su profunda creencia en la no violencia como camino hacia la justicia y la transformación social. Massignon quedó profundamente conmovido por la filosofía de la no violencia de Gandhi, *Satyagraha*, tras conocer ese modo de lucha ejercido en Sudáfrica. Vio en Gandhi un ejemplo vivo de la aplicación práctica de la resistencia no violenta, inspirándose en su enfoque de la desobediencia civil, la huelga de hambre y la búsqueda de la verdad a través del diálogo.

Ambos hombres compartían una visión similar del mundo, donde la violencia solo generaba más violencia, creando un ciclo interminable de sufrimiento. Creían en el poder del amor, la compasión y la resistencia pacífica para desafiar la injusticia y lograr un cambio social duradero. Massignon se convirtió en un importante intérprete del pensamiento de Gandhi en Occidente, traduciendo sus obras y difundiendo sus ideas a través de conferencias y escritos. Ayudó a que la filosofía de Gandhi fuera comprendida y apreciada más allá de la India, inspirando a movimientos por la paz y la justicia en todo el mundo. El legado de Louis

Massignon y Mahatma Gandhi está profundamente entrelazado. Ambos hombres defendieron la no violencia como una fuerza poderosa para el cambio positivo, dejando una huella imborrable en la historia del pensamiento social y político. Si bien Louis Massignon no fue amigo personal de Gandhi en el sentido estricto de la palabra, sí hubo una conexión de admiración e influencia entre ambos. Massignon estaba profundamente inspirado por la filosofía de no violencia y la lucha por la justicia social de Gandhi. Consideraba a Gandhi una figura similar a un santo moderno que ejemplificaba los ideales de paz y resistencia pacífica. La lucha de Gandhi por la liberación de la India y su defensa de los derechos humanos probablemente influyeron en el propio compromiso de Massignon con el diálogo interreligioso y la comprensión intercultural.

Aunque Louis Massignon no es conocido como un activista de la no violencia en la misma línea que figuras como Gandhi o Martin Luther King Jr., su pensamiento y obra estuvieron profundamente marcados por un compromiso con la no violencia y la búsqueda de la paz. La fe cristiana de Massignon, particularmente su comprensión del mensaje de amor y perdón de Jesús, fue una fuente fundamental de su compromiso con la no violencia. Su estudio del Islam y el misticismo sufí lo expuso a la idea de la «paz interior» y la búsqueda de la unión con Dios a través de la no violencia. Su experiencia de la Primera Guerra Mundial y el colonialismo francés en Argelia lo sensibilizaron ante los horrores de la violencia y lo impulsaron a buscar alternativas pacíficas.

Esto lo expresó de tres maneras: a) Diálogo interreligioso: Massignon fue un pionero del diálogo interreligioso entre el cristianismo y el islam. Creía que el diálogo y la comprensión mutua eran esenciales para construir la paz entre las diferentes religiones y culturas; b) Crítica del colonialismo: Massignon fue un crítico del colonialismo francés, argumentando que era una forma de violencia que oprimía a los pueblos y culturas locales; y, c) Promoción de la paz: Massignon escribió y habló sobre la importancia de la paz y la no violencia, buscando inspirar a otros para trabajar por un mundo más pacífico.

Massignon y Gandhi también compartían una profunda preocupación por los pobres y marginados. Massignon trabajó con comunidades musulmanas en Argelia, mientras que Gandhi luchó por los derechos de los indios en Sudáfrica y la India. Ambos creían que era necesario trabajar por la justicia social y la dignidad humana para todos.

Tanto Massignon como Gandhi eran firmes creyentes en el diálogo interreligioso. Massignon vio el diálogo como una forma de construir puentes entre diferentes religiones y culturas, mientras que Gandhi lo consideró como una herramienta para promover la paz y la comprensión mutua. Ambos dedicaron gran parte de su vida a fomentar el diálogo interreligioso y a desafiar los prejuicios y la intolerancia. En resumen, Louis Massignon tomó de Gandhi una profunda inspiración en su compromiso con la no violencia, la búsqueda de la verdad, el trabajo con los pobres y marginados, y la importancia del diálogo interreligioso. Las ideas y el activismo de Gandhi tuvieron un impacto duradero en el pensamiento y la obra de Massignon, convirtiéndolo en una figura clave en el diálogo interreligioso del siglo XX.

Louis Massignon, profundamente inspirado por la filosofía de la no violencia de Gandhi, llevó a cabo diversas acciones para promover sus ideales en su vida personal y profesional: a) En el ámbito personal adoptó un estilo de vida sencillo y austero, siguiendo el principio de *Aparigraha* (no apego a las posesiones materiales) promovido por Gandhi. Practicó el vegetarianismo, en consonancia con la ética de *Ahimsa* (no violencia hacia todos los seres vivos) defendida por Gandhi. Y se dedicó al diálogo interreligioso, buscando construir puentes de entendimiento entre diferentes culturas y religiones, siguiendo el ejemplo de Gandhi como promotor de la tolerancia y la unidad; b) En el ámbito profesional defendió la independencia de Argelia durante la colonización francesa, inspirándose en la lucha no violenta de Gandhi por la independencia de la India. Denunció la injusticia social y la opresión, utilizando su voz como intelectual para dar voz a los más vulnerables, siguiendo el ejemplo de Gandhi como defensor de los derechos humanos. Y promovió la educación y el desarrollo en comunidades desfavorecidas, creando escuelas y centros educativos para brindar oportunidades a los más necesitados, siguiendo el ideal de Gandhi de una sociedad más justa y equitativa.

En concreto, en 1926, Massignon viajó a la India para conocer a Gandhi en persona, profundizando en su comprensión de la filosofía *Satyagraha* y su aplicación práctica. Durante la Guerra Civil española, Massignon se dedicó a salvar vidas y proteger a las víctimas de la violencia, actuando como intermediario y negociador entre las partes en conflicto, inspirado en el pacifismo de Gandhi. Y tras la Segunda Guerra Mundial, Massignon fundó la Asociación de Amistad Franco-Musulmana, una organización dedicada a promover el diálogo y la comprensión entre culturas, siguiendo el legado de Gandhi como constructor de paz. Así, Louis Massignon, a través de sus acciones personales y profesionales, se convirtió en un importante exponente de la no violencia gandhiana en Europa y el mundo árabe. Su compromiso con la justicia social, el diálogo interreligioso y la defensa de los más necesitados hace que sea todavía hoy una figura inspiradora y relevante en la actualidad.

# V.
# LOUIS MASSIGNON
# Y CARLOS DE FOUCAULD

El 3 de mayo de 1905, Carlos de Foucauld dejó Beni-Abbés, camino de Tamanrasset, encontrándose en el camino a un profesor de facultad, E. F. Sautier, un geólogo, M. Chudeau, y un escritor, Pierre Mille, así como al amenokal —jefe tradicional de tribus tuareg— del Hoggar, Maussa ag Amastanne. Se instaló, del 13 de agosto de 1905 al 12 de septiembre de 1906, en una pequeña ermita que construyó, a 300 m. de una pequeña aldea de 100 habitantes, Tamanrasset, dedicándose a aprender la lengua y las costumbres de los Tauaregs[46].

Foucauld a la edad de cuarenta y siete años, agotado por sus caminos y sus trabajos, renuncia a encontrar a un grupo de discípulos para formar, junto con él, una congregación dedicada a la vida de Nazaret: vida de pobreza, de presencia oculta en el país y de testimonio evangélico silencioso. No obstante, desea tener un compañero que prosiga sus trabajos lingüísticos y continué su misión.

«Actualmente lo que busco —escribe el 3 de diciembre de 1905— es un alma de buena voluntad,

---

[46] Cf. J. F. SIX, *80 cartas inéditas de Carlos de Foucauld a Louis Massignon,* Publicaciones Horeb, Barcelona 1996.

que consienta en compartir mi vida, en la pobreza, la oscuridad, sin ninguna regla fija, que siga su camino como yo sigo el mío»

El 12 de septiembre de 1906, remonta hacia el norte, llegando a In-Salab el día 29 del mismo mes. Allí le espera en su correo la obra de un joven diplomado en estudios superiores de historia, Louis Massignon. Para su diplomatura ha tenido que realizar una memoria sobre Marruecos en los primeros años del siglo XVI, *Mapa geográfico según León el Africano*[47], texto que acababa de ser publicado en Argel.

Antes de defender su trabajo, Massignon había estado en Fez, donde Hassan ibn Muhammad al- Ouazzân, llamado León el Africano, vivió su juventud. Para ir a Fez, tuvo que organizar con un amigo su propia caravana, marchando de Tánger a Fez, el mismo recorrido realizado veinte años antes por Foucauld y descrito en el libro *Reconocimiento a Marruecos*[48]. Massignon, en una conferencia pronunciada en la Sorbona el 18 de mayo de 1959, dio testimonio de la extraordinaria exactitud del trabajo de Foucauld[49].

Cuando su libro se publicó en Argel, quiere rendir un homenaje a Foucauld. Va a ver a Henry de Castríes para preguntarle sí Foucauld está vivo todavía. «Si —le responde Castries— pero ha errado su vida, está retirado como sacerdote libre a las afueras de Beni-Abbés». Y éste continua:

---

[47] L. MASSIGNON, *Le Maroc dans les premières annes du XVI siècle. Tableau géographique selon Léon l'Africain,* Adolphe Jourdan, Alger 1906, 305 pág. con prefacio de León Binger.
[48] CH. FOUCAULD, *Reconnaissance au Maroc, 1883-1884. Ouvrage illustré de 4 photogravures et de 101 dessins d'après les croquis de l'auteur* , Challamet et Cie Éditeurs, Librairie Coloniale, París 1888.
[49] L. MASSIGNON, *Toda una vida con un hermano que partió al desierto* en *Parole donné*, Le Seuil, París 1983, 66.

«Lyautey, llamado Ain Sefra, cena aquí esta noche. Él puede llevar el libro a Foucauld».

Foucauld se interesa apasionadamente por Massignon y su historia. El 12 de septiembre de 1906, Foucauld deja Tamanrasset para ir a In-Salah, que se encuentra a 650 Km al norte. Piensa pararse tres semanas en Beni-Abbés e ir después a Argel para recibir a Michel, un joven bretón que dice estar dispuesto a seguirle en el Hoggar. Lyaute cumple su palabra y le hace llegar el libro de Massignon a In Salah, recibiéndolo Foucauld el 29 de septiembre de 1906.

El 3 de octubre de 1906 Foucauld responde con una carta a Massignon —es su primer contacto— diciéndole:

«¡Cuánto deseo que se realicen tus proyectos sobre Marruecos! El trabajo, la paciencia, conducirán, espero, a su realización... Estos estudios son un bien que perdura y producen necesariamente los mejores frutos, pues el bien genera el bien, y el trabajo bien hecho siempre da buenos resultados»[50]

Entre la primera carta de Massignon a Foucauld y la segunda del 29 de noviembre de 1908, ha tenido lugar un acontecimiento capital en la vida de Massignon: su conversión.

La conversión de Carlos de Foucauld se había realizado de una manera extraordinariamente simple, una mañana de finales de octubre de 1886, con una confesión tranquila, bajo la dulce invitación de un sacerdote admirable, seguida de la comunión, en una iglesia normal. La conversión de Louis Massignon en 1908 es de otro orden.

De 1904 a 1906 estudia en la Escuela de Lenguas Orientales de donde sale diplomado en árabe literal y de árabe dialectal. De noviembre 1906 a junio 1907, pasa ocho meses en El Cairo, en el Instituto francés de arqueología oriental. En

---

[50] J. F. SIX, o. c., 29

El Cairo, en Luxor, vive como un árabe, lee poetas y místicos musulmanes. Decide hacer su tesis sobre uno de estos: Hallaj.

Le proponen participar en una misión de arqueología alrededor de Bagdad y acepta con entusiasmo, pues Hallaj vivió y murió en Bagdad.

Mesopotamia pertenecía entonces al Imperio otomano y estaba en guerra larvada con Persia, conociendo profundas divisiones internas. Massignon llegó a Bagdad el 19 de diciembre de 1907 estando la región en una situación muy conflictiva[51].

El cónsul de Francia le ayuda a establecer relaciones con musulmanes ilustrados. Massignon se integra en una familia de éstos, los Alûsi, quienes le alquilan una casa en un barrio exclusivamente árabe y, como en Egipto, vive como un árabe y practica lo que él llama el «descentramiento». Trabaja apasionadamente en la tesis sobre Hallaj.

A algunas personas de la colonia occidental les choca esta manera de introducirse en el medio árabe. El cónsul de Francia le reprocha el que lleve turbante, recomendándole llevar sombrero europeo como garantía.

Massignon explica en una carta del 25 de noviembre de 1911 a Claudel los elementos de su conversión:

«Recuerdo aquel 3 de mayo de 1908, aquella hora en que el absoluto dominó toda mi vida»[52].

¿Cuáles han sido las circunstancias y las etapas de esta conversión? Massignon ha dado dos testimonios. El primero

---

[51] Cf. D. MASSIGNON, *Le voyage en Mésopotamie et la conversion de Louis Massignon en 1908*, Islamochristiana, 14 (Roma 1988) 127-199

[52] *Correspondence Claudel-Massignon 1908-1914*, Desclée de Brouwer, París 1973, 139-150.

indica sobre todo una serie de hechos relacionados con el envío de su libro sobre Marruecos a Foucauld dos años antes, cuando al final de la carta le dice: «Pido a Dios que le bendiga, tanto sus trabajos como su vida». Massignon había perdido la fe, pero dos años más tarde recuerda estas palabras. Él mismo se expresa así:

«Fueron dos años de trabajos lingüísticos en árabe y de crisis moral en Egipto, trabajo arqueológico junto con escapadas violentas, disfrazado de campesino, al margen de la ley, deseoso de comprender y de conquistar de cualquier manera al Islam. El Cairo, muy europeo, cambiado por Bagdad; allí, jefe de la misión arqueológica oficial, llevando una vida ascética camuflada, bajo la protección de una familia árabe de nobles musulmanes; vestido de oficial turco, lanzado al desierto a la búsqueda de una ruina entre Kerbéla y Nedjef (Al-Okhéidis); capturado en una trampa cuando se estaba preparando la Revolución Turca de 1908, tomado como espía, sorprendido, amenazado de expulsión, intento de suicidio por honor sagrado de mí mismo, recogimiento repentino, los ojos cerrados ante un fuego interior, que me juzga y me quema el corazón, certeza de una Presencia pura, inefable, creadora, suspendiendo mi sentencia a la oración de seres invisibles, visitadores de mi prisión, donde nombres llenan mi pensamiento: el primer nombre, mi Madre, el quinto, el nombre de Carlos de Foucauld»[53]

---

[53] D. MASSIGNON, art. c. 147

El intento de suicidio fue, de hecho, un acto fallido: Massignon comienza a hincar un cuchillo hacia el corazón, derramando un poco de sangre, pero se para como representando un acto simbólico:

> «Poco después del golpe de cuchillo fracasado, recibí otro golpe: interior, inusitado, suplicante, sobrenatural, indecible. Como una quemadura del corazón, en el centro»

Lo importante es este golpe interior, mientras se encuentra prisionero por espionaje en la cabina del capitán del barco y atado después de dos tentativas de evasión, lo que Massignon denominó «la visitation de l'Etranger».

¿Quiénes son los "intercesores" de los que habla Massignon, «los visitadores de la prisión»? Nombra en primer lugar a su madre y también a su tía; cita también a los dos únicos amigos cristianos de su padre, Dulac y Huysmans; cita a Foucauld, del que ha recibido una primera carta, y, finalmente, a Hallaj, que Massignon creía en aquel momento que había muerto espiritualmente cristiano, ya que no pensaba entonces que fuese posible tener una experiencia mística en el Islam.

Hay que señalar también a otro intercesor, el padre Anastase, quien a finales del año 1908 le pide que lea el libro *Historia de un alma,* de Teresa de Lisieux, recibiendo grandes luces místicas de esta lectura, pese a sus reticencias iniciales, debido a las niñerías añadidas por la hermana de la santa al texto original.

En este año de 1908, Foucauld se encuentra con la desolación de las poblaciones saharianas. Sufre al ver que se hace tan poco para remediar la miseria en la que está inmerso. Con el toque de salud que tuvo, quisiera que otras personas vinieran a reemplazarlo:

> «Estoy bien, pero siento que estoy envejeciendo —escribe a su prima el 20 de setiembre de 1908— Acabo

de cumplir 50 años. Ante esto quisiera que otras personas a mi lado tomen el relevo cuando desaparezca completamente»

Ya había deseado encontrar «enfermeras laicas», con sentido laico, pero con Jesús en el corazón para venir al Sahara. También «honestos comerciantes» que serían bien acogidos, «pues ningún francés viene a establecerse a los Oasis si no es para comerciar con el alcohol ¡Es una vergüenza!». Él quería que gente valerosa viniese e «hiciese el bien en silencio llevando la vida de las pobres comerciantes; haciéndose valorar y querer, haciendo el bien a todos. Así ganarían su salario sin pena»[54].

Durante la Pascua de 1908 había escrito los estatutos de una Asociación que quería fundar, una Asociación de «buenos cristianos que estando en el mundo, ya quedándose en Francia pero interesándose por los no-cristianos de las colonias, ya viniendo al Sahara a instruir a los Tuaregs o a establecerse en el Sahara a título de agricultores, comerciantes o artesanos». La finalidad es aportar a la vez la instrucción y el Evangelio «por el ejemplo, la bondad y el contacto».

Para encontrar a estos educadores y misioneros laicos al servicio de las «ovejas más perdidas», Foucauld prepara un viaje a Francia con el consentimiento del padre Huvelin. Al mismo tiempo, Foucauld irá a ver a su hermana María, la señora de Blic, que desea con «insistencia» volverle a ver después de siete años.

Es en este momento que Massignon recobra el contacto con Foucauld. Si ha dudado durante cinco meses en escribirle desde Paris, el 29 de noviembre de 1908, mientras trabaja sobre las inscripciones reveladas en Bagdad, es porque se pregunta si Foucauld puede comprender a la vez su conversión y su interés por la mística musulmana. Además,

---

[54] Carta a Josep Haurs, 9 enero de 1912.

sabe que después de su conversión de mayo, escribir a Foucauld le compromete en una segunda etapa, como le había dicho Claudel el 19 de noviembre 1908: «Toda persona convertida sabe que después de un primer paso, Dios le pedirá otro»[55]. En Navidad, Massignon hace un pequeño retiro en la Trapa de Sept-Fans en el Allier, y el 26 de diciembre le envía una carta a Foucauld.

Carlos de Foucauld partió de Tamanrasset el 25 de diciembre de 1908, llegando el 6 de febrero a Ghardaïa, desde donde escribe a Massignon para preparar un encuentro, y de ahí a Francia, alojándose en casa de su prima, la condesa de Flavigny. Cuando llega a París el sábado 20 de febrero, Foucauld escribe rápidamente a Massignon proponiéndole venir a casa de su prima donde celebrará misa, puesto que está enferma. Massignon no puede ya que está ocupado por un trabajo intelectual, y el encuentro se realizará el domingo por la tarde del 23 de febrero cuando Foucauld irá a visitarle a su casa. Massignon describe de esta manera su primer encuentro:

> «Vino enseguida a mi casa. Me llevó a recibir la bendición del padre Huvelin que estaba paralítico; y después me introdujo durante toda la noche, en la tumba glacial y altiva del Sacré-Coeur (21-22 de febrero de 1909). De regreso saca su primer folleto sobre la Asociación del Sagrado Corazón. Jaque. Nos comprometimos a rezar el uno por el otro cada ángelus»[56]

Massignon volvió a ver dos veces más al padre Huvelin para hablar sobre de su trabajo sobre Hallaj, y éste le dijo que siguiera la línea de pensamiento de Fr. Von Hügel en su trabajo de dos volúmenes sobre *The mistical Element of*

---

[55] *Correspondence Claudel-Massignon*, 1908-1914, o. c., 54.
[56] L. MASSIGNON, *Parale donné*, o. c., 67-68 (Massignon fue fiel hasta el día de su muerte a esta oración del ángelus).

*Religión as Sttudied in St. Catherine of Genova and Her Friends* (1908)[57]. Massignon siguió estas indicaciones y el padre Huvelin, ante el conservadurismo de todo recién converso, le tranquilizó respecto a la etiqueta de modernista que tenía este autor, ya que Hügel tan solo utilizaba el vocabulario modernista.

El 24 de julio, vigilia de sus 26 años, Massignon escribe a Claudel:

> «Estoy profundamente feliz por el lazo de la oración común de la Iglesia que nos une particularmente con las almas santas. Por mi parte soy deudor del padre Carlos de Foucauld, del padre Huvelin y de los Trapenses de Notre-Dame- de-Sept-Fans»[58]

El 31 de julio, Foucauld contesta a dos cartas de Masssignon. El mismo día escribe a la Señora de Bondy, «cuánto desearía tener un compañero, un sacerdote para trabajar mejor y perpetuar esta pequeña obra. No hay ninguna previsión por el momento». Y en la misma carta le dice que espera la visita de Laperrine, su antiguo camarada en el ejército y a quien Foucauld llamaba «el amigo incomparable». «Quizás vaya con él por los alrededores próximos a Tamanrasset: es una buena ocasión de conocer a muchas personas».

Laperrine llega el 24 de agosto después de un recorrido de cuatro meses. Después, durante quince meses, Laperrine y Foucauld visitan juntos los campamentos situados en un radio de 120 Km.; Laperrine comenta a Foucauld su proyecto de estudio del país tuareg. Foucauld piensa entonces en Louis Massignon y le escribe:

> «Tamanrasset, Natividad de la Virgen, 1909. Querido hermano en Jesús: A la petición del coronel Laperrine, comandante militar de los Oasis Saharianos y creador

---

[57] Cf. M. NÉDONCELLE, *La pensée religieuse de F. Von Hügel* , París,1936.
[58] *Correspondence Claudel-Massignon, 1908-1914,* o. c., 68.

de nuestro Imperio Sahariano en el Sur de Argelia, el Sr. Basset, director de la Escuela de Letras de Argelia, busca una persona capaz de realizar un reconocimiento lingüístico, arqueológico, sociológico e histórico de los países Tuaregs, comenzando por el Ahaggar que es su corazón. Hace falta una persona que tenga la instrucción necesaria, joven, extremadamente amable, bueno y paciente, pues es el único medio de establecer relaciones con los tuaregs. El Sr. Basset ha pensado en el Sr. Biarnay, autor de un estudio sobre el dialecto beréber de Ouargla; el Sr. Biarnay, en febrero pidió unas semanas para reflexionar y dar su repuesta. Al no venir ni saber nada de él, he escrito al Sr. Basset diciéndole que quizás tu aceptases una tal misión...

Además del interés científico está el interés humanitario que es mucho más importante. El experto que lleve a cabo esta misión deberá tomar contacto con poblaciones nuevas, inteligentes, abiertas, enemigas de los árabes, pese a que tengan la misma fe del Islam pero sin sus costumbres, hacerse querer por ellos, hacerles conocer quiénes somos, esforzarse por hacer penetrar la instrucción, la civilización, elevarlos a nuestro nivel, no en un día, pero tomando los medios mejores para conducirlos esforzándose por su elevación intelectual y moral: fraternidad, "amar al prójimo como a sí mismo".

Para ti, querido hermano en Jesús, hay más todavía. Es normal que residas conmigo a excepción de los viajes, pues he creído que tenía el deber de ocuparme especialmente de la lengua y de las costumbres de los tuaregs; por otro lado, mi ermita está a 3 Km. de la casa del jefe, del amenokal del Ahaggar, en un lugar bien situado para las relaciones y las informaciones... Tendrás en casa la Eucaristía, los

Sacramentos. Si lo deseas tendrás más aún: una vida monástica y de apostolado ante Dios y una vida de estudio como experto ante los hombres... Tendrás más todavía, si Jesús lo quiere. Si el esposo común de nuestras almas te llama a la gracia del Sacerdocio, como Él me ha llamado, pese a mi indignidad, podrías hacer los estudios teológicos aquí casi completamente e ir enseguida a recibir las santas Ordenes, de manera que sea ignorado de todos, lo que te permitiría hacer un gran bien. En nuestros tiempos de persecución sería muy útil tener sacerdotes, que en su calidad de ordenación secreta, puedan penetrar sin obstáculo bajo la apariencia de un sabio, de un comerciante, de un agricultor, allí donde se cierra la puerta a los sacerdotes. Sacerdote en realidad, sabio a los ojos del mundo, trabajarías conmigo y rezaríamos juntos mientras viva, tomando después mi lugar y sucediéndome, cuando la hora llegue, siendo laico a los ojos de los hombres.

Mi vida es una vida de monje misionero, muy austera, donde la oración tiene un gran lugar, y donde el tiempo que queda está consagrado al "Santo trabajo de las manos", en donde el bien espiritual del prójimo pasa por encima de todo. Para ti el trabajo manual será habitualmente tus trabajos científicos, muy útiles por sí mismos para la evangelización de estos pueblos, y más útiles todavía si llegas a ser sacerdote, pues serán los guardianes de tu secreto[59]. Solo en una extensión inmensa, un círculo de 2.000 Km de diámetro, me muevo entre varias ermitas situadas en diferentes partes, donde paso algún tiempo cada año viviendo menos exclaustrado y desplazándome de un lugar a

---

[59] Sacerdocio de incógnito. Es interesante señalar como Foucauld considera el trabajo intelectual como «trabajo manual».

otro visitando las poblaciones que no veo habitualmente.

Esto es la que el Sr. Basset te ofrece y te hace la propuesta. Consulta al Esposo divino para ver lo que desea. Incluso si el Sr. Basset no te ofreciese nada, todo lo que te acabo de decir, Jesús te lo ofrece, pues estos estudios científicos los puedes hacer por iniciativa privada, y si tu padre quiere ayudarte con los medios necesarios, una cantidad módica de 4.000 a 6.000 francos por año, o solicitando una beca a la Sociedad Científica. (El Sr. de Castries u otros amigos te la obtendrían sin dificultad). Es por demás decirte que esto sólo se refiere a los gastos científicos y a los viajes, ya que en mi casa, viviendo en Santa Pobreza, nos alimentaríamos los dos. Sin esperar ninguna propuesta humana, si crees que Jesús quiere que vayas por el camino que creo que quiere que te presente, o si al menos consideras que Él quiere que tu veas con tus propios ojos en qué consiste este camino para poder hacer la elección en plena conciencia, sí crees que Jesús quiere alguna de las dos cosas, ven.

Si vienes, por el motivo que sea, en viaje científico privado, o con una beca, o en simple viajero, no me escribas pidiéndome datos útiles pues estoy muy lejos y esto pide mucho tiempo y tendría mucho retraso; escribe al Coronel Laperriene, Comandante Militar de los Oasis Saharianos, a Insalab, que es un excelente amigo; fuimos lugartenientes juntos y estamos afectuosamente unidos. Le he dicho que desearía verte trabajar, venga o no el Sr. Biarnay, en el reconocimiento científico[60] del país tuareg; él me ha

---

[60] Hay que señalar que Foucauld contempla un estudio a largo plazo, treinta años, lo que puede asustar a un joven investigador; además retoma el término que había utilizado para su exploración de

100

dado su consentimiento y te enviará los datos que le pidas y te abrirá las puertas...

Es una decisión grave la que te presento y una sola cosa es necesaria: hacer la voluntad del único Maestro, del único Amor, del eterno Esposo. Mi deseo no es que hagas esto a aquello, sino que se haga su Voluntad sea la que sea.

Mi carta no es ningún consejo, tan solo una propuesta que te ofrece un camino para tomar una decisión según la Voluntad del divino Esposo. Hno. Carlos de Jesús»[61]

Massignon, siguiendo el deseo de su padre, decide pasar un año más en El Cairo, terminar su tesis sobre Hallaj y acabar su doctorado. Le escribe el 17 de octubre a Foucauld y éste le responde el 3 de diciembre sin perder la esperanza de que Louis Massignon venga con él algún día al Hoggar.

Antes de Navidad de 1910, Massignon pasa algunos días en la Trapa de Sept-Fons. Después de estos días que le hacen mucho bien, comparte con Claudel su «nostalgia del desierto». En una carta escrita el 26 de diciembre de 1910 le dice:

«Tengo casi la nostalgia del desierto, este mar perfecto, sereno, equilibrado en su inmensidad por el paso cotidiano del sol. Es allí que nací verdaderamente, llamado por mi nombre, por la **Vox clamantis in deserto**... hace tres años como hace nueve en El-

Marruecos: «reconocimiento»; finalmente remarca con insistencia el interés humanitario de esta tarea.

[61] Massignon resume así esta carta en *Parole donné*, o. c., 67-68: «*Foucauld continúa escribiéndome su plan de vida sobre mí (8 setiembre 1909): 1) terminar su monografía lingüística y folclórica tuareg; 2) vivir en amistad con ellos; 3) recogerme en el Asekrem; 4) ordenación final secreta para sucederle*»

Kantara, fui sacado fuera de mí por la belleza donde había entrado. ¿Crees que puede haber delante de Dios, belleza tan eminente, más persuasiva, más rítmica que el desierto? (...) Creo que, cuando termine mis libros, iré a aclarar mis dudas ante la gran luz, en el Hoggar, cerca del padre Foucauld, que me espera, creo...»[62]

Massignon salió para Constantinopla para trabajar sobre su tesis. A la vuelta su padre le pide quedarse en Francia hasta el invierno próximo en lugar de ir con Foucauld. Incluso si Massignon piensa casarse, Foucauld continúa esperando su venida no solamente para un tiempo, sino su instalación definitiva en el Sahara, pues considera que su ayuda puede ser magnífica gracias a su competencia científica. Así se expresa en una carta del 19 de septiembre de 1911:

«Pienso todavía en tu venida aquí como te dije. Lo más sabio es terminar tu tesis, hacerla imprimir y divulgar. Terminar también con tus otros trabajos y partir al final del invierno para llegar aquí antes de los calores, pasar el verano y hacia final de octubre partir para Francia por el Sudán a por el Norte...

Aquí encontrarás una manera feliz de conciliar tu deseo de una vida entregada totalmente a Dios, amándole y sirviéndole de todo corazón —servirle quiere decir trabajar por la salvación de las almas, ser salvador, en la medida posible— y realizando la voluntad de nuestro Padre; por un lado puedes realizar con libros tus estudios de teología, piadosamente, lentamente, en la oración, llevando una vida monástica; al mismo tiempo, tendrás relación con la población, no les hablarás del dogma, pero te dejarás querer por ellos y te harás amigo de todos, hasta que llegue una hora más feliz; por otra parte, el estudio de

---

[62] *Correspondence Claudel-Massignon*, o. c., 100

los dialectos bereberes tuaregs, la recolección de la literatura poética, el estudio de sus costumbres no realizado de una manera profunda, la excavación de los monumentos prehistóricos, este trabajo, que bajo mi punto de vista pide treinta años y que abren la puerta del Instituto para quien lo realice concienzudamente, dándole un lugar en la Ciencia...

Esta será una vida religiosa, dirigida hacia la vida de las almas, y científica. Al cabo de un cierto tiempo, en la hora querida por Dios, tu director verá lo que Jesús te pide, estando igualmente preparado para el sacerdocio o para la vida piadosa y científica en el matrimonio: el contacto con los pobres grabará en tu espíritu que toda vida cristiana, sea la que sea, consiste principalmente en amar a Dios de todo corazón y al prójimo como a uno mismo, es decir, intentar salvarlo: es para salvar a las almas que Jesús ha venido a la tierra; debemos como Él consagrar nuestra vida a salvar a las almas; es el amor al prójimo como a uno mismo el segundo mandamiento. Hno. Carlos de Jesús»

El director espiritual de Massignon fue siempre el padre Poulin, que insistía en que terminase su tesis. Mientras, Foucauld no deja de esperarlo. Desde la ermita del Assekrem, le escribe el 3 de diciembre de 1911:

«Querido hno. en JESUS: Tu director ha elegido sabiamente indicándote en terminar tu tesis y tomar el título de doctor. Además de la consolación que tendrá tu padre, ésta te puede abrir puertas que de otro modo te podrían permanecer cerradas. Esto te permitirá hacer mucho bien, pues si me he podido establecer en el Sahara, es gracias a que fui oficial e hice el viaje de exploración a Marruecos. Dios prepara de lejos las cosas y se sirve tanto de las acciones buenas, las malas, como las que hacemos sin pensar en Él, para la salvación de las almas. Me hablas del querido y bendito San Francisco: ¿conoces un pequeño libro titulado *La leyenda de los tres compañeros-Vida de San Francisco*, con un prefacio del padre Huvelin?[63] El libro y el prefacio son estupendos. Hno. Carlos de Foucauld»

Durante toda su vida Massignon se referirá profundamente a Francisco de Asís. En una carta del 22 de septiembre de 1908 dirigida a Claudel, preconiza, hablando del Islam, «una apologética en árabe, tal como la deseaba San Francisco de Asís»[64].

El 14 de noviembre de 1912, Foucauld en una carta insiste a Massignon en que termine su tesis y después vaya a vivir con él unos meses, pues «esto te hará bien. Ya sea para reposar intelectualmente, después de tantos años de trabajo duro, ya para hacer un reposo en soledad a los pies del Tabernáculo. Es probable que en este retiro Dios te dé luz y paz».

En diciembre del mismo año, un grupo de bandidos provenientes de Marruecos llegó hasta unos 600 Km de Tamanrasset. Fueron obligados a huir gracias a un grupo de militares franceses. La sequía castiga con rigor la región durante tres años. Foucauld continúa con exigencia su tarea:

«Me queda al menos tres años de trabajo para a realizar solo la copia y correcciones que hago a la vez que copio —escribe a su prima, el 8 de enero de 1913—. Todo será publicado, pero no lo será con mi nombre. Será publicado por el Sr. Basset, decano de la facultad de letras de Argel, bajo el nombre de nuestro amigo

---

[63] Este prefacio del padre Huvelin a la traducción de *La légende des trois compagnons* (Ed. Poussielgue), es el único escrito que Huvelin publicó en vida. Después de su muerte se editaron sus conferencias y sermones que habían sido recopilados.
[64] *Correspondance Claudel-Massignon*, o. c., 49

común el Sr. Motylinski[65], muerto en 1907 después de pasar conmigo el verano de 1906»

Durante tres meses Foucauld vuelve a Francia con el tuareg Ouksem para que conozca a su familia y su manera de vivir. Desde Barbieri, el 19 de agosto, escribe a Massignon diciéndole que llegará a París el 31, y, a modo de nota adjunta le dice:

«Intento recordar si te he hablado de una Asociación piadosa que intento establecer, pues no lo recuerdo. Te adjunto los estatutos de la asociación proyectada: si conoces a personas que deseen adherirse, les hablas; si deseas más ejemplares me los pides; los que se vinculen tan sólo han de dar su nombre. Cuando haya un número suficiente, mi Obispo presentará la Obra a Roma y pedirá las autorizaciones necesarias para hacerla funcionar con normalidad y propagarla»

La última vez que Foucauld y Massignon se vieron fue el 2 de septiembre, cuando Foucauld invitó a Massignon como acólito a la misa de la cripta del Carmelo y allí un signo extraño de Dios pasó entre los dos como una espada. Su hijo Daniel Massignon explica en que consistió este signo extraño, contado por su padre.

«L. M. me contó en que consistió este signo extraño. Foucauld le había citado a las 8' 15 h. para la misa. Tenía una exactitud militar. Pero ese día Foucauld no estaba. L. M. se inquieta ¿se había equivocado de

---

[65] Fue en Sétif que Foucauld había reencontrado a Motylinski, intérprete militar, excelente conocedor del beréber y que llegó a ser su amigo; en 1906 lo hizo venir a Tamanrasset para estudiar la lengua y la cultura tuareg. Motylinski muere prematuramente y Foucauld tomará el pretexto de algunos trabajos efectuados por su amigo para ocultarse detrás de él y publicar, bajo su nombre, sus propios trabajos, pues no quiere conseguir ninguna gloria.

lugar? Se pone en estado de abandono total a la voluntad de Dios y espera. A las 9 h. un sacerdote sale bruscamente de la sacristía. L. M. se acerca pensando que podría ser Foucauld. El sacerdote se da la vuelta y le pide que le ayude en la misa. L. M. acepta maquinalmente Durante la misa llega Foucauld... No está muy contento. L. M. sigue la misa de Foucauld cuando la primera termina. No se volverán a ver más... El retraso insólito de Foucauld, la salida imprevisible de otro sacerdote, L. M. vio en esto un signo de que su destino no estaría junto a Foucauld pues sus caminos eran distintos...»

Massignon escribe a Foucauld para hablarle de matrimonio, y éste le responde desde el castillo de La Barre el 16 septiembre 1913 con estas palabras:

«Lo único necesario, lo único perfecto es hacer la voluntad de Dios sea la que sea. Hay que buscar lo que Dios quiere y hacerlo. El estado más santo, el más bueno, el mejor, el más deseable es aquel que Dios quiere para nosotros, sea el que sea. Si Dios te quiere casado, es en este estado en el que podrás mejor santificarle, mejor glorificar su Nombre, hacer venir su Reino en ti y a los demás; realizar su Voluntad aquí abajo como los ángeles la cumplen en el cielo. Haz lo que te diga tu director. Por mi parte, pienso que estas hecho para el matrimonio»

Foucauld está de acuerdo con el director de Massignon, el padre Poulin, que le orienta hacia el matrimonio, compromiso que realizará pidiendo la mano a Marcelle Dansaert en Ottignies (Bélgica) el 13 de octubre de 1913. Foucauld deja París y vuelve de nuevo a casa de su hermana en Barbieri, desde donde le envía a Massignon tres ejemplares de la *Unión de los hermanos y hermanas del Sagrado*

*Corazón*, e indicándole al padre Laurin, profesor del Seminario Mayor de Issy-les-Moulineaux, para todo lo referente a la Unión.

El 1 de enero 1914 Foucauld escribe a Massignon congratulándose de que éste pertenezca a la Unión:

«Me es muy gratificante el que seas un hermano de la Unión; te inscribo y envío tu nombre al padre Laurin. Recibirás más tarde un ejemplar de los nuevos estatutos y un ejemplar del Directorio o Consejos Evangélicos...»[66].

En la lista de los 49 inscritos establecida por el propio Foucauld, Massignon está con el número 48.

Massignon había anunciado a Claudel, a principios de diciembre 1913, su boda en Bruselas el 27 de enero de 1914, pidiéndolo que sea su testigo. Poco antes de partir hacia Bruselas donde el padre Fontaine bendecirá el matrimonio, dejó en la Sorbona el manuscrito de su tesis principal: *La Passion d'al Hosayn ibn-Mansôur al-Hallaj, martyr mystique de l'Islam, éxecuté à Bagdad le 26 mars 922.*

La vigilia de su boda, Massignon escribe a Foucauld y éste le responde el 17 de marzo de 1914 desde Tamanrasset:

«Gracias de todo corazón por tu carta del 26 enero; gracias por pensar en mí en este momento. Rezo por todas tus intenciones. Me alegro de que hayas entregado tu tesis en la Sorbona. Que Dios te guarde y te ayude a realizar en la vida lo que Él desea de ti. Presenta a la Sra. Massignon mis humildes respetos de vuestro hermano en JESUS. Carlos de Foucauld»

Massignon decide para su viaje de boda ir a Tamanrasset:

---

[66] J. F. SIX, o. c., 144-145.

«Enero 1914, nuestra boda, viaje de novios a Montserrat y al Sahara; Foucauld debía adelantarse a nosotros en Insalah, pero el jefe del puerto de Touggourt no permite a nuestro coche ir más lejos a causa de la peligrosidad de la pista (23 enero); regreso por Maison-Carrée, donde Mns. Livinhac, superior general de los Padres Blancos, el único que sostendrá la Asociación Foucauld después de su muerte, es quien bendice nuestro enlace bajo el signo de Foucauld»[67]

En una carta a su prima del 24 de agosto, Foucauld indica su proyecto de una «larga estancia en Francia» a causa de la «pequeña cofradía». Ante la dificultad de encontrar sacerdotes para hacerla funcionar, cambia sus planes:

«He realizado unos nuevos estatutos, muy simplificados y breves, sin cambiar para nada los deberes generales de los hermanos y hermanas, pero modificando y simplificando completamente la organización, y se los he enviado a Mons. Bonnet»

Los deseos de Foucauld aparecían más nítidos en la carta que envió a Massignon el 22 de julio de 1911:

«Querido hermano en Jesús: Más que nunca, en mi soledad, pienso en nuestro deber de trabajar en la conversión de nuestras colonias. Medito una pequeña transformación de nuestra Unión de oraciones, nada en cuanto al fondo, sino grandes simplificaciones... crear un Boletín, mensual si es posible, informando a los hermanos sobre las colonias, su estado, sus necesidades, los trabajos apostólicos que se hacen, las congregaciones que trabajan ——boletín serio, escrito en tono serio y moderado——. Piensa en este proyecto querido hermano y dime lo que piensas»

---

[67] L. MASSIGNON, *Parole donné,* o. c., 68-69

La noticia de la guerra de Europa llega al Hoggar el 3 de septiembre de 1914. Massignon le anuncia que esperan un hijo, Yves, que nacerá el 1° de marzo de 1915. Foucauld ve esta guerra como una defensa de la civilización frente a la barbarie de Alemania. Le dice Foucauld a Massignon:

«He recibido tu carta del 1° de Marzo y de todo corazón pido a nuestro Padre común que está en los cielos que bendiga al hijo que os ha dado, os lo ha confiado para hacer de él un santo. El niño que está entre vosotros ha traído muchos dones nuevos y especiales para educarlo, darle ejemplo, para que haga en esta tierra todo el bien que Dios espera de él y obtener en el cielo la felicidad que el CORAZÓN de JESÚS le desea.

El Ahaggar está en calma. Mi pensamiento y mi plegaria están en todo momento en Francia.

Mns. Bonnet ha aprobado los estatutos simplificados que le envié; los antiguos estatutos, modificados en cuanto a lo que concierne a la organización y quizás un poco más alargados como consejos espirituales, quedarán como directorio; estos se darán, según pienso, a cada hermano en su entrada en la Unión  bajo el título de "Consejos". Hablaremos de todo esto en la paz. Tengo deseo de ver tu punto de vista»

Massignon es enviado, a su petición, el 12 de abril 1915, como suboficial intérprete al cuerpo de expedicionarios de Dardanelles (Oriente). Llamado el 28 de abril al ministerio de Asuntos Exteriores, bajo la intervención de su familia y de Paul Claudel, que no desean verlo partir al frente, Massignon pide de nuevo volver a Dardanelles, donde llega el 4 de agosto, cosa que Foucauld aprueba. Para muchos de los católicos franceses esta guerra es, al igual que para Foucauld, como una cruzada, y las masacres de Armenia, que acaba de conocer, le afectan de un modo particular, pues él había vivido en la Trapa de Akbés, en Siria, en la frontera turca, cuando ya hubo persecuciones contra Armenia: «Por orden del Sultán —escribió el 20 noviembre 1895— han masacrado cerca de cuarenta mil cristianos en pocos meses». Los Trapenses también fueron amenazados. Foucauld manifestó entonces un «gran deseo del martirio», y, como una premonición, escribió el 6 de junio 1897, haciendo hablar a Cristo:

> «Piensa que debes morir mártir, despojado de todo, tendido en el suelo, desnudo, irreconocible, cubierto de sangre y de heridas, violentamente y dolorosamente asesinado... y desea que esto ocurra hoy. ¡Para darte este don infinito, se fiel vigilando y llevando la Cruz! Considera que es hacia esta muerte que debes encaminar toda tu vida»

En 1915 se realizan de nuevo masacres contra dos millones de armenios que permanecen en el Imperio otomano. La mitad mueren; solamente el coraje de las víctimas y la guerra impiden la exterminación total que había sido premeditada. Foucauld se siente muy cercano de su joven hermano defendiendo la civilización.

El 7 de marzo el fuerte Djanet, en la frontera tripolitana, a 450 km de Tamanrasset, fue atacado por los Senusíes[68], quienes vencieron a una guarnición de cincuenta hombres que se defendió hasta el 26 de marzo. Foucauld escribe a su prima diciéndole:

> «No hay aquí más de veinticinco militares; y, por "aquí" entiendo no Tamanrasset sino Fort Motylinski, capital del país, que está a 50 km. (Y preconiza) retirarse con todas las municiones y aprovisionamiento en un lugar inexpugnable y con agua de la

---

[68] Secta musulmana, fundada por Muhamad Alí as-Senusi, de Argel, en la Meca, el año 1837. Actualmente se halla extendida por el Sahara oriental.

montaña, donde se pueda permanecer indefinida-
mente, y contra el cual no se pueda hacer nada»

El amenokal Moussa y el abuelo de Ouksem, jefe de
la principal tribu del país, están inquietos.

El 28 de noviembre de 1916 Foucauld terminó la
copia de las *Poesías tuareg*, que le venía ocupando desde 1906,
y que fueron publicadas en dos tomos en París, en los años
1925 y 1930. Le quedaba por redactar el léxico francés-tuareg,
realización que consiguió obteniendo una enorme labor
científica y que es la base para la comprensión de la lengua y
de la literatura tuareg.

El viernes 1 de diciembre, como está previsto que
llegue el correo, Foucauld escribe algunas cartas, de las que
entresacamos tres. La primera a Laperrine, que está en
Francia, en el frente, para darle noticias de la región. La
segunda a su prima, la Sra. de Bondy en la que le dice:
«Cuando se quiere sufrir y amar, se puede mucho, es
lo que más se puede en este mundo. Se siente el
sufrimiento, no se siente siempre que uno ama y esto
es un sufrimiento añadido; pero uno sabe que quiere
querer, y querer amar, es amar. No amamos nunca
suficientemente, verdaderamente, no amamos nunca
lo suficiente, pero el buen Dios, que sabe de qué barro
estamos hechos, y que nos ama más que una madre
ama a su hijo, nos ha dicho, y Él no miente, que no
rechaza a quien vaya a Él»

Y la tercera a Louis Massignon:
«Tamanrasset, 1 Diciembre 1916. Querido hermano
en JESÚS: Has hecho bien de pedir que te coloquen
en la tropa. No hay que dudar nunca en pedir los
lugares donde el peligro, el sacrificio, las pruebas sean
mayores: el honor, dejémoslo para quien lo quiera,
pero el peligro, el sufrimiento, reclamémoslo siempre.

Los cristianos debemos dar el ejemplo del sacrificio y de la entrega. Es un principio al que hay que ser fieles toda la vida, con simplicidad, sin preguntarnos si hay orgullo en este comportamiento: es el deber, hagámoslo y pidamos al bien amado Esposo de nuestras almas de hacerlo con toda humildad, con todo el amor a Dios y al prójimo. Has hecho bien. Camina por este camino con simplicidad y en paz, seguro de que es JESÚS quien te ha inspirado seguirlo. No te inquietes por tu familia. Confía y confíala a Dios y camina en paz. Si Dios te conserva la vida, cosa que le pido de todo corazón, tu casa estará más bendecida, pues estarás más unido a Jesús y tendrás más vida sobrenatural. Si mueres, Dios guardará a la Sra. Massignon y a tu hijo como tú les hubieses guardado. Ofrece tu vida a Dios a través de Nuestra Madre la Santa Virgen, en unión al Sacrificio de Nuestro Señor Jesús y por todas las intenciones del Sagrado Corazón camina en paz. Ten confianza en Dios que te dará la mejor suerte para su Gloria, lo mejor para tu alma, lo mejor para las almas de los otros, porque todo lo que Él quiere, tú lo quieres, plenamente y sin reservas. Nuestro rincón del Sahara está en paz. Rezo por ti de todo corazón y al mismo tiempo por tu hogar. Carlos de Foucauld»

Foucauld termina de escribir al medio día y se encuentra solo en la ermita. Unos cuarenta senusíes llegan silenciosamente y llaman a la puerta. Foucauld abre la puerta. Lo atrapan, lo tiran delante de la puerta de la ermita, se pone de rodillas y calla. Le ordenan poner los brazos detrás de la espalda y se los atan a los tobillos. Le interrogan y dice solamente en árabe: «Voy a morir». Lo confían al cuidado. de un muchacho de quince años y saquean la ermita. Alguien grita: «Vienen dos soldados». Les disparan. Y el muchacho nervioso dispara también sobre Foucauld. La bala entra por detrás de la oreja y sale por el ojo izquierdo. El drama ha durado un cuarto de hora. Foucauld no murió como un soldado con las armas en la mano. Su muerte fue un accidente, ya que sus manos atadas a los tobillos indican que querían llevarlo como rehén sobre un camello.

# VI.
## MASSIGNON,
## UN SUSTITUTO DE FOUCAULD

El 28 de enero de 1917 Maritain escribe a Massignon, que se encontraba en el ejército de Oriente:

«He pensado mucho en ti, mi querido amigo, cuando me he enterado por los periódicos de la triste noticia, que ya debes conocer desde hace ya algunas semanas, del asesinato de tu querido y muy apreciado padre. Foucauld»

Un poco más de un mes más tarde, el 23 de febrero de 1917, Maritain anota en su cuaderno:

«Comida en casa de Massignon... conversamos toda la tarde, me gusta conversar con esta alma ardiente y llena de nobleza, de una línea moral tan recta y austera, de una inteligencia tan aguda y llena de curiosidad. Rezamos juntos en Montmatre. Nuestra amistad se hace cada vez más estrecha durante esta guerra a pesar de la separación material. Me habla mucho de Foucauld. Me pide de rezar por la obra de Foucauld

(La Unión de oraciones por la conversión de los infieles)»[69]

De la primera edición no comercial del *Directorio o Consejos Evangélicos* del padre Foucauld, Massignon dedica un ejemplar a Jacques Maritain que va en la segunda posición de una lista de treinta cinco: L. Massignon, J. Maritain, Mgr. Le Roy, primer presidente de la Asociación Foucauld, y René Bazin, primer biógrafo. Massignon y Maritain mantuvieron esta amistad hasta el año 1962, fecha en que murió Massignon. Años más tarde, Maritain, una vez viudo y hacia el final de su vida, a la edad de 88 años hizo su profesión religiosa en los Hermanos de Jesús del padre Foucauld, que habían sido fundados por el hno. René Voillaume, a quien unía una estrecha amistad con el matrimonio Raïssa-Maritain

Es el propio René Voillaume quien, refiriéndose a su encuentro con Massignon lo refiere así:

«No olvidaré nunca nuestro primer encuentro que tuvo lugar en el Seminario de San Sulpicio de Issy-les-Moulineaux, el miércoles 1° de diciembre 1926, cuando estudiábamos teología y un grupo de seminaristas teníamos en mente el proyecto de partir un día a África del Norte para vivir como había vivido el hermano Carlos en Beni Abbés. Se invitó a Louis Massignon a dar una conferencia a la comunidad de 18 a 19h. Lo recordaré siempre. Al final de su conferencia, delante de 400 seminaristas, al sonar las 19 h. en el reloj del Seminario, se levantó y pronunció con voz solemne y emocionada: "Señores, la hora que suena marca exactamente el décimo aniversario de la muerte de mi amigo Carlos de Foucauld, muerto en 1916, este mismo día y a esta misma hora, en Tamanrasset". Nos

---

[69] Cfr. R. MOUGEL, *Jaccques Maritain, René Voillaume i els Germanets de Jesús*, Familia espiritual de Carles de Foucauld a Catalunya, Barcelona 31/X/2003.

presentamos después de la conferencia y nuestra relación data a partir de este momento. Massignon tenía el culto del recuerdo y estimaba en mucho la fidelidad en la amistad. Se consideraba como el depositario espiritual de su amigo, al que le sorprendió la muerte después de escribirle. Es gracias a Massignon que nosotros pudimos, a pesar de estos diez años que nos separan de la muerte de Foucauld, atar sin dificultad los lazos con aquel que consideramos el verdadero inspirador de todas nuestras fraternidades»[70]

El 8 de septiembre de 1937, René Voillaume, tomó el hábito, con otros cuatro compañeros, en la basílica de Montmartre. Dejaron París hacia El Abiodh Sidi Cheikh, en el Sur argelino, donde establecieron su fraternidad. Al principio se denominaron *Petits Frères de la Solitude* y pronto se llamarán *Petits Frères de Jésus*. El 7 de mayo de 1947 René Voillaume fundó con tres hermanos la primera fraternidad obrera de los hermanos de Jesús en Aix-en-Provence. Cuatro años más tarde se publicó el libro *En el corazón de las masas*[71] que tuvo un gran impacto eclesial y social. Las *Petites Soeurs de Jésus* nacieron en 1939, gracias a la hermana Magdaleine de Jesús, y hoy en día hay repartidas por todo el mundo trescientas veintiuna fraternidades de hermanas, manifestando el amor gratuito de Dios a través de la amistad y la solidaridad. Años más tarde, en 1956 el propio René Voillaume fundó los *Hermanitos del Evangelio*, siendo aprobadas las constituciones actuales en 1986.

Massignon publica en 1928 el *Directorio o Los Consejos Evangélicos (texto* 1909-1913), de un modo privado y asumiendo él mismo los gastos. Massignon menciona que ha encontrado la lista escrita a mano por el propio Foucauld, la lista de los 49

[70] R. VOILLAUME, *Cartas a los Hermanos*, Marova, Madrid 1973.
[71] R. VOILLAUME, *En el corazón de las masas,* Studium, Madrid 1962.

primeros afiliados, dando algunos nombres. Para él esta publicación es «indispensable para formar el espíritu de los miembros de las asociaciones, como el padre Foucauld me lo había indicado por escrito», dice el 7 de febrero 1927 al padre Joyeux al quien le había informado de su proyecto de publicar el libro. En esta fecha, hacía diez años, había ido a visitar al padre Laurin y juntos a Mns. Le Roy. Massignon se impacienta del retraso: «Mns. Le Roy hace diez años me había prometido hacerlo», dice también al padre Joyeux. Este ha tardado en publicar el texto debido a las tergiversaciones de los Padres Blancos. Massignon imprime el texto, «el pequeño Directorio del padre Foucauld que me prometió en 1913 y que no me llegó hasta 1917, en mi primer permiso, después de dieciocho meses en el frente».

Para Massignon, la fundación de la *Badaliya*, en 1934, está en la misma línea del *Directorio*. En la edición de 1961 puso un anexo con el artículo que había escrito en 1955 para la revista *Jesús Caritas*, en el que decía:

> «Profundizando en su vocación, en el Oriente árabe los amigos de Foucauld han fundado en Egipto (Damieta, 1934) el proyecto de la *Badaliya*, en rito oriental, en recuerdo a la manera que habían tenido san Francisco y San Luis de "abordar" las almas del Islam; el Directorio ha constituido el texto principal a meditar y comentar en las reuniones»

Hay que recordar que la importancia que Massignon otorgaba a Damieta está relacionada con san Francisco de Asís, del que era compañero espiritual. El santo de Asís fue capaz de establecer un diálogo comprensivo con el mundo musulmán y encarnaba en su armoniosa persona aquello de «buscar más comprender que ser comprendido». Y en esta lógica, el 5 febrero 1949, Massignon pasará del rito latino al rito griego-melkita para ser ordenado sacerdote; la ordenación tuvo lugar en Sainte-Marie- de-la Paix en El Cairo, el 28 enero de 1950.

René Voillaume, el año 1957, adaptó el *Directorio* o *Consejos Evangélicos* para el uso de las Fraternidades seculares del hermano Carlos de Foucauld. Así se puede decir que Louis Massignon es un eslabón esencial entre su amigo Foucauld y los distintos grupos que surgieron pocos años después de su muerte. El primer grupo laico que surgió fue el *Grupo Carlos de Foucauld*, bajo la guía de Suzanne Garde, que en el año 1923 fue una auténtica revolución. Después siguió la primera congregación religiosa del padre Foucauld, *Les petites soeurs du Sacré Coeur* o Hermanitas del Sagrado Corazón, bajo la guía de Macoir-Capart; y así sucesivamente otras fundaciones[72].

.

---

[72] Hoy en día la *Asociación Carlos de Foucauld* reúne a un numeroso número de familias que se dicen y son discípulos del hermano Carlos de Foucauld. Además de las ya mencionadas, hay que citar a las *Hermanitas de Nazaret*; los *Hermanitos de la Cruz* (Canadá); las *Hermanitas y Hermanitos de la Encarnación* (Haití); las *Hermanitas del Corazón de Jesús* (República Centro Africana); la *Fraternidad Jesús Caritas* (Instituto Secular Femenino); la *Fraternidad Sacerdotal Jesús Caritas;* la *Fraternidad Secular Carlos de Foucauld;* la *Comunidad de Jesús* (Asociación privada de fieles: matrimonios consagrados, célibes consagrados y laicos comprometidos); la *Comunidad Jesús Caritas* de Italia (Sacerdotes diocesanos en comunidad parroquial); la *Fraternidad Carlos de Foucauld* (Asociación de fieles: laicas con celibato); el *Grupo Charles de Foucauld,* otro en Vietnam y además en España y América latina ha surgido la *Comunidad Ecuménica Horeb Carlos de Foucauld*.

# VII.
## A LA BÚSQUEDA DEL ESLABÓN PERDIDO

Foucauld no era una persona ágil, ni cambiaba fácilmente de punto de vista. Las transformaciones que va realizando a lo largo de su vida son debidas principalmente a la necesidad. Carlos de Foucauld ha ido aprendiendo, a partir de 1913, que lo esencial es expresar lo más sencillamente posible la finalidad de la obra, por eso todo su esfuerzo consistirá en "simplificar".

Foucauld sabe que hay que transformar la estructura y los últimos estatutos de julio de 1916. El 31 de julio de 1916 escribe a su prima diciéndole que trabaja en presentar el conjunto «simplificando y abreviando los estatutos, modificando completamente la organización». Así, en el momento que le llegó la muerte, Foucauld no había encontrado la forma de su asociación, pero sí el fondo: el amor total hacia Cristo y el Evangelio.

El propio Louis Massignon explica en una carta enviada el 12 de mayo 1959 a Jean François Six, lo siguiente:

«Cuando llegué a París con permiso el viernes 16 de febrero de 1917, al día siguiente, fui a ver a mi director, el padre Luis Poulin, párroco de la Trinité, para comunicarle mi deseo de continuar la Asociación Foucauld (él había firmado mi adhesión el 15-10-1913). Pasando por Roma el 14 de febrero visité a los Padres Blancos y, el mismo día, visité a Henry de Castries. El

21 de febrero visité al padre Laurin y le convencí para que me ayudase; me envió el 28 de febrero a Issy el texto del Directorio de Carlos de Foucauld, que tenía para mí desde hace tres años; y, a partir de las cartas intercambiadas con Mns. Bonnet y Mns. Livinhac, hemos visitado a Mns. Le Roy, calle Lhomond, y le hemos dado los documentos sobre la Asociación Foucauld. Después de examinarlos, Mns. Le Roy me ha dicho: esta obra es de Dios, y que se ocupará de ella; tienes el imprimatur (si publicas; cosa que hice en El Cairo); pero esta obra no se puede organizar más que cuando llegue la paz, después de la publicación de una "biografía" de tu amigo; encuentra un biógrafo. Cuando volvía a casa, recé y encontré la carta que Foucauld me había enviado el 11-4-16: "El Sr. René Bazin, sus pensamientos están en gran armonía con los míos" (R. B. me dijo que entre ellos dos tan sólo hubo un intercambio epistolar). Por esto, obedeciendo a Mns. Le Roy fui a visitar a René Bazin para decirle simplemente que deseaba que fuese él el biógrafo de Carlos de Foucauld - A lo que R. B. me dijo: ¿Desea que sea yo? - Entonces le comenté la carta (de C. de F. a R. B.)".

Massignon, para poder continuar la obra de Foucauld, tiene el recuerdo preciso de algunos encuentros y conversaciones breves con Foucauld; tiene sobre todo entre las manos el texto del *Directorio* y las "ochenta cartas" que recibió de él, cartas que leerá y releerá toda su vida, no cesando de nutrirse, y que citará en los momentos importantes de su existencia. Ahora que Foucauld está muerto, percibe más aún lo que era para él: no exactamente un director espiritual, sino un «hermano mayor»; al final de su vida retomará este significado: Foucauld ha sido para él «este hermano mayor» que lo ha conducido por los caminos de la mística, que lo ha ayudado en la búsqueda de una vocación propia con un inmenso respeto. Cuando Massignon con su director se decide por el matrimonio, Foucauld, que hubiese querido verlo sacerdote y junto a él sin reserva, tiene palabras fraternas y justas y le dice a Massignon que es una «admirable vocación». Lo esencial para Foucauld es la vocación de bautizado; la llamada a la vida religiosa no es un signo de superioridad. No existen pues dos clases: los sacerdotes y los laicos, los religiosos y las personas casadas, con la idea de que sólo los primeros son los que aman a Dios "de todo corazón", mientras que los segundos tendrían un amor mediocre: se puede amar al «Bien amado» en el matrimonio y fuera del matrimonio. Y el *Directorio*, que es un manual de perfección, está destinado tanto a los laicos como a los sacerdotes y religiosos.

Mientras tanto, se encuentra Massignon entre los papeles de Foucauld los *Estatutos* simplificados de su *Asociación*, con fecha de 1916, aprobados por Mns. Bonnet. El padre Voillard se lo comunica al padre Laurin el 2 de octubre de 1918:

«Es su texto que fue retomado para la Asociación Foucauld, después de su reorganización en París, aprobada por el cardenal Amette el 10 de septiembre de 1919»[73]

Aprobación intermedia: «El ensayo puede intentarse» dijo el arzobispo de París. El breve texto de ocho páginas que se publicó[74] como presentación de la *Asociación* llevaba por título *Unión apostólica*. Era el título principal, y debajo en pequeños caracteres: «Para la conversión de los infieles de las colonias francesas». En el plano religioso, este texto podría comparar a la *Unión apostólica*, con la obra de la *Propagación de la fe*[75], si bien hay

---

[73] C. FOUCAULD, *Directoire*, París, 1918, 122. Los *Estatutos* se publicaron en las págs. 123-128.

[74] Impreso por A. Le Beau, Vanves.

[75] La Propagación de la fe, fundada en Lyon en 1922 por Pauline Jaricot, tiene, como la Asociación Foucauld, según estaba establecida en 1919, la doble finalidad de suscitar oraciones y recoger donativos para las misiones.

una preocupación mayor por promover en las almas una mayor vida espiritual.

El viernes santo de 1920, Massignon pasa en Paray-le Monial una terrible angustia pensando «en el testamento espiritual no realizado por el padre Foucauld»[76]. No cesa de reflexionar en la obra de su «muy querido padre Foucauld»[77]. Massignon se siente heredero y continuador de su obra.

El mismo año en que el padre Laurin dimite, 1922, publica un artículo sobre la *Unión*[78], que consta de dos partes: *Carlos de Foucauld* y *La Unión de oraciones*. En la primera parte se remite, en primer lugar, al libro de R. Bazin y evoca la muerte de Foucauld. Después, aborda los diferentes aspectos de su vida espiritual. Habla de «da cruz» y evoca el «espíritu de oración», señalando la fuerza del desierto sobre Foucauld, «su inmenso amor por las almas» y su extrema bondad inventiva de. En la segunda parte, presenta la fundación que el padre Foucauld pretendía durante los últimos años de su vida. Se trata de los *Estatutos* y de un *Directorio* dados a la «cofradía de cooperadores, a la *Unión* que él pedía a Dios fundar; para extender y perpetuar la urgente y abrumadora obra de apostolado en la que sucumbió el 1°. de diciembre de 1916».

Para Massignon la nota distintiva de la *Unión* es un espíritu de fraternidad en el Corazón de Jesús. Prácticamente es «una organización que combina vida interior y trabajo de apostolado». ¿Qué apostolado? Un «apostolado indirecto», subraya Massignon refiriéndose al *Directorio*: el apostolado de la amistad que evita toda presión y que no suscita «la desconfianza y la antipatía». En conclusión: lo que la *Unión* ofrece a toda alma de buena voluntad, es un simple consejo discreto y humilde. No

---

[76] Carta 14 abril 1922 a Mns. Le Roy.

[77] Carta de Massignon al padre Léna, 10 mayo 1922 (El padre Léna sustituyó al padre Laurin).

[78] La Vie spirituelle (febrero 1922) 362-376. Reproducido en el anexo del *Directoire* (ed. 1961, o. c.) 135-151 (Massignon firma este artículo con el seudónimo «L. Hovyn», que es el nombre de su madre).

es más que un consejo, pero es el consejo de las bienaventuranzas. Pues Foucauld cada vez más quería que el *Directorio* tuviese el simple carácter de consejos.

Así, pues, existían dos realidades referidas a Foucauld. Por un lado, la *Asociación Foucauld*, que fundamentalmente se dedicaba a recoger limosnas para las misiones en tierras del Islam, aprobada por el cardenal Amette en 1919, y que tomó el nombre de *Asociación Carlos de Foucauld*, obteniendo en 1923 la existencia legal y comenzando a editar un boletín. Por otro, la *Unión de oraciones* encuentra su existencia canónica agregándose a la Archicofradía de Saint Esprit[79]. Massignon se sentía extranjero, alérgico, a las declaraciones de identidad canónica. Por esto publica el *Directorio* y sigue sus consejos casi a la letra, de una manera eremítica, si se puede decir, como solitario en el mundo; aquellos y aquellas que se reúnen de una manera secreta y callada alrededor del *Directorio* tendrán la misma actitud. Hoy, La *Unión de hermanos y hermanas de Jesús-Sodalidad Carlos de Foucauld*, asociación privada de fieles con unos novecientos miembros en la actualidad, es «la más humilde de las afiliaciones foucauldianas», por utilizar la expresión de Louis Massignon. Pero su proyecto ha madurado durante mucho tiempo. Se inicia con las conversaciones entre Massignon con Carlos de Foucauld, las cartas, la noche de adoración del 22 de febrero de 1909, pasada por ambos en el Sagrado Corazón de Montmatre. Se concreta con la única fundación del hermano universal, la *Unión de los hermanos y hermanas del Sagrado Corazón de Jesús*, que contaba en el momento de su muerte con 49 inscritos, incluyendo a su fundador y a Louis Massignon entre otros.

Años más tarde, en la reunión de todos los grupos del Padre Foucauld, que tuvo lugar en Béni-Abbès el año 1955, y en que surgió la *Asociación familia Carlos de Foucauld*, Massignon

---

[79] Foucauld deseaba que su 'cofradía' no fuese una tercera orden como tal y que fuese independiente de una orden religiosa. Mns. Le Roy, superior de los Padres del Santo Espíritu, proporcionó este medio canónico.

es reconocido como responsable de un pequeño grupo cuyos miembros se podían contar con los dedos de una mano.

A partir de los años 60 la *Unión-Sodalidad* va creciendo. Los miembros de *Unión-Sodalidad* no tienen reuniones establecidas y se comprometen por un año, renovable, en secreto. No hay reglas, pero sí la comunión de los santos que permite a cada uno vivir con autenticidad su vida, teniendo presente el Evangelio, sin espíritu militante, y con prioridad a los pobres. Se valora más el ser que el hacer, destacando dos puntos esenciales de la espiritualidad: el desierto y Nazaret. A partir de 1978 surge en Almería, en el Poblado de san Francisco (Huercal-Overa), la *Comunidad Horeb*, con ánimo de seguir el *Directorio* de Carlos de Foucauld, y recibe un renovado soplo del Espíritu en Pentecostés de 2006, como *Comunidad Ecuménica Horeb Carlos de Foucauld* [80].

.

---

[80] http://horebfoucauld.worpress.com

# CONCLUSIÓN

Louis Massignon fue a la vez un gran conocedor del Islam y un hombre comprometido con su tiempo. Su vida estuvo unida a los problemas políticos del Cercano Oriente, a los de su país y, de una manera especial, a los dramas de Marruecos y Argelia. Louis Massignon es un hombre de "tienda grande". Al final de su vida lo llamarán el «Cheikh admirable», en recuerdo del Doctor admirable, el gran teólogo y filósofo catalán del siglo XIII, Ramón Lull. En Francia, un círculo de iniciados, y hasta discípulos, queda profundamente marcado por su genio singular. En Oriente, en África del Norte, su recuerdo se mantiene vivo entre ciertos eruditos; de Pakistán a Marruecos se sabe que el profesor Massignon fue un maestro y un guía. Pero, a pesar de todo, entre nosotros sigue siendo casi desconocido

Massignon fue un gran orientalista en una época en que esta disciplina era todavía relativamente desconocida. ¿Pero qué es un orientalista? El término, especialmente hoy, exhala un perfume de nostalgia; se piensa en los pintores del siglo XIX describiendo un Oriente lánguido, sensual y un poco misterioso, o en esos escritores, cada vez más numerosos, marchando tras las huellas de Chateaubriand,

Nerval o Flaubert que han logrado un puesto en esa "literatura de viaje" que tiene un éxito creciente. No obstante, el nombre de Massignon evoca algo bien distinto, pues él no fue solamente un científico de primera línea, gran viajero y consejero de gobiernos. Algunos no han dudado en calificar a Massignon de santo. Pero no queremos hacer hagiografía, pues, aun admitiendo que se probase su santidad, el término sin duda le hubiese parecido inapropiado, pues tenía horror a la "bonachonería"[81].

Massignon parece escapar a todas las categorías, por su genialidad, pero también y sobre todo por sus paradojas, sus vacilaciones, las contradicciones entre el hombre público y el hombre privado. Su gran obra, esa extraordinaria *Pasión del sufí musulmán Hallaj*, que llevó sobre él durante toda su vida, tras haber hecho de ella el tema de su tesis doctoral, corrigiéndola sin cesar, es en gran parte su propia biografía.

Para Massignon la ciencia fallaba en lo esencial si no entrañaba amor, o al menos, simpatía. Massignon fue también y ante todo, un formidable erudito, un buscador infatigable, un verdadero arqueólogo del conocimiento, al acecho de los menores detalles, filtrándose por los menores entresijos para apoyar algunos de sus hallazgos; todo un saber que servirá para despertar a los difuntos y hacérnoslos presentes, lo que ha hecho de la *Pasión de Hallâj* un trabajo sin parangón.

Massignon nos da testimonio, en primer lugar, de una vida completamente introducida en otra cultura. A los veinticinco años, siendo increyente como el explorador de Marruecos Carlos de Foucauld, marcha a Egipto y a Bagdad con el deseo de comprender el Islam. Estas experiencias cambiarán las perspectivas de miras de ambos, pues comprenderán enseguida que nunca se puede poner uno completamente en el lugar del otro, y que, en vez de intentar poseer al otro, hay que compartir humildemente la vida. Para

---

[81] Cf. C. DESTREMAU/ J. MONCELON, *Louis Massignon*, París 1994.

Massignon la auténtica sabiduría que podemos desear es la humildad, y ésta no tiene límites. Massignon acogía a todos los hermanos, especialmente los más necesitados, como «seres únicos en el mundo». Había sido marcado por Foucauld, que fue para él como un hermano mayor, que le había hecho encontrar en todos los seres humanos, comenzando por los más abandonados, sus hermanos.

Massignon, que fue presidente de los *Amigos de Gandhi* en Francia y precursor de los «métodos de la no-violencia activa», hablaba de la «compasión», capacidad de vivir al otro lo más profundamente posible, como de una «ciencia experimental» que tiene un método preciso y verificable. Para él, «el compartir la vida de los más humildes» es una ciencia. El método lo llamaba «descentramiento». Se trata de ponerse en el lugar del otro, en el centro mismo de éste. Y la verificación de esta ciencia consiste en ver si hemos operado una «liberación» en la vida de los demás, en consonancia a la descripción que se hace en los *Hechos de los Apóstoles* sobre Jesús de Nazaret, que «pasó haciendo el bien»[82].

En cuanto a su obra literaria, Massignon no fue un erudito de cámara. Intentó acercarse al Islam directamente y desde dentro. Su trabajo científico contribuyó a cambiar la manera de abordar la cultura islámica. Según Jesús Moreno Sanz,

> «Massignon ha sido uno de los más excepcionales espíritus de la sabiduría contemporánea. Y no sólo por figurar entre los grandes islamólogos del siglo XX, de los que es el más respetuoso y fiel hacia el Islam. Su magisterio crucial radica en la integración que realizó de razón y vida, de conocimientos y acción moral inquebrantable; de forma que toda su trayectoria vital se proyectó en una sabiduría práctica

---

[82] *"Jesús de Nazaret, ungido por Dios con la fuerza del Espíritu Santo, que pasó haciendo el bien y curando a los oprimidos por el diablo, porque Dios estaba con él"* (Hech 10, 38)

a favor de los humillados, los olvidados y los expoliados. Profesor en el colegio de Francia; director de estudios de ciencias religiosas en la Escuela Práctica de Altos Estudios de París; director de diversas publicaciones; fundador de varias asociaciones y comités; profesor gratuito de los emigrantes magrebíes en París; miembro de todas las Academias de la lengua de los países árabes y de múltiples Academias europeas; participante asiduo de los coloquios "Iranios" de ciencias religiosas promovidos por Jung, presidente del Instituto de Estudios Iranios; su prolífica obra escrita se distribuye en pocos libros y amplias recopilaciones: *Tableau geographique du Maroc dans les quinze premiéres années du xv siécle daprés Léon L'Africain* (1906), *La Passion d'Al-Hallaj* (1922), *Essai sur les origines du lexique technique de la mystique en pays d'Islam* (1922), *Recueil de textes inédits* (1929 ), *Parole donnée* (1962) y *Opera minora* (1969) »[83]

Massignon fue un profeta de Nazaret para nuestro tiempo porque «tenía un sentido de las realidades ocultas». Fue toda su vida un peregrino itinerante en busca de estas realidades. Junto al cadáver del hermano Carlos, encima de la arena de la ermita y entre sus papeles, estaba la última carta dirigida a su amigo y discípulo Louis Massignon, en la que le contesta que:

«Has hecho muy bien de pedir que te pasen a la tropa. No se ha de dudar nunca en pedir los lugares donde el peligro, el sacrificio y la abnegación son mayores. El honor, dejémoslo para quien lo quiera. Nosotros debemos exigir siempre el peligro, el dolor. Como cristianos debemos dar ejemplo de sacrificio

[83] J. MORENO SANZ, *Ciencia de la compasión,* Trotta, Madrid 1999.

y abnegación. Es un principio al que tenemos que ser fieles toda la vida, con sencillez y sin preguntarnos si hay orgullo en la decisión. Es el deber y hay que cumplirlo, pidiendo que lo hagamos con humildad, con todo el amor a Dios y al prójimo... Has hecho muy bien. Sigue este camino con simplicidad y paz, seguro de que es Jesús quien te ha inspirado seguirlo. No te inquietes por tu familia. Confía y confíala a Dios y ve en paz. Si Dios te conserva la vida, que es lo que pido de todo corazón, tu familia será más bendecida, pues abnegándote más, estaréis más unidos a Jesús y tendréis una vida más sobrenatural. Si te llega la muerte, Dios guardará a tu esposa e hijo sin ti, de la misma manera que tú los hubieses guardado. Ofrece su vida a Dios a través de las manos de Nuestra Madre, la Santísima Virgen, en unión con el sacrificio de Nuestro Señor Jesús y de todas las intenciones de su corazón, y ve en paz. Ten confianza, que Dios te dará la mejor suerte para gloria suya, lo mejor para tu alma, lo mejor para las almas de los demás, ya que no le pides otra cosa que esto, pues todo lo que Él quiere, tú lo quieres plenamente y sin reservas»[84]

Algunos meses antes de su muerte, Massignon escribirá a un amigo sacerdote hablándole de «la gran deuda que tenía con Gandhi por haberle hecho comprender la "no-violencia de Jesús"». Massignon comprendió que los métodos misioneros, incluso los más modernos y sutiles, se oponen al método no-violento de Jesús, que proponía sin imponer y no utilizaba la acción psicológica. Se trata de reconocer al otro tal como es y de no tratar de imponerse. Esta no-violencia pide una extrema fuerza interior, pues se verifica en el hecho de

---

[84] Carta de C. Foucauld a Louis Massignon, 1 de diciembre de 1916.

considerar al otro como un ser responsable al que se le pueden asignar tareas. Massignon criticaba ferozmente los métodos proselitistas pues veía en ello una violación, y especialmente una violación de los más pobres, de los corazones de niño de los que uno fácilmente puede abusar.

Otro aspecto en el que Massignon nos habla hoy como profeta, es decir, contra corriente, es este: Massignon es un solitario, un "eremita", en una época en la que nada más se habla de comunidad y de colectivos. Jesús fue al desierto, buscó la soledad, no para huir de sus responsabilidades, sino para poder afrontar mejor los demonios más profundos, que son el deseo de dominio, la demagogia, los medios de presión y toda clase de seducción.

Massignon se introdujo por el camino de la "soledad creadora" gracias a la figura luminosa de Al-Hallaj, mártir místico del Islam. Éste no fue ortodoxo para nadie, pues habiendo conseguido una gran libertad interior, vivió la hospitalidad a ultranza, no respetando las reglas del clan y del grupo, que exigían defender de entrada a los miembros y los dogmas del grupo, defendiéndose del extranjero y de toda contaminación.

Massignon era un apasionado por el mundo del Islam y soñaba en la reconciliación entre todas las Religiones del Libro. Por eso, Louis Massignon, en 1961, en la revista *Notre-Dame d'Ephèse* decía:

«Éfeso[85] debe llegar a ser, antes de la reunión final en Jerusalén, para todos los grupos cristianos y

---

[85] Antigua ciudad de Asia Menor, puerto natural de Sardes, capital de Lidia, fundada por los griegos el año 1000 a.C. La ciudad tenía un famoso templo consagrado a Ärtemis, diosa de la caza, hija de Zeus y Leto, que fue incendiado por Eróstrato el 356 a.C. y reconstruido rápidamente. Se le consideraba una de las siete maravillas del mundo antiguo. El año 431 fue sede de un concilio en el que se condenó la doctrina de Nestorio.

musulmanes, el lugar de la reconciliación en "Hazrat Meryem Ana" (La Casa de Nuestra Madre Santa María, en turco), esperando que Israel, reconociéndola finalmente como la gloria de Sion, reúna esta unanimidad tan deseada»

¿Por qué Éfeso? Por ser el lugar según la tradición donde se encuentra la «Casa de la Virgen», que, en tanto que santuario, es el lugar de un encuentro excepcional entre los cristianos y los musulmanes, «en el que los Católicos celebran la misa, mientras que los Musulmanes oran en la habitación adyacente; los diversos ex-votos muestran que la Virgen otorga milagros tanto a unos como a otros». Pero también de manera simbólica, ella prefigura la unanimidad de todos los Ahl al-Kitab, de todas las Gentes del Libro. Es así como Frithjof Schuon escribió:

> «Madre de todos los profetas y matriz de todas las formas sagradas, ella (la Virgen María) tiene su lugar de honor en el Islam siempre perteneciendo a priori al Cristianismo; por este hecho, ella constituye una especie de unión entre las dos religiones, las cuales tienen en común que intentan universalizar el monoteísmo de Israel»

La casa *Meryem Ana Evi* en Éfeso, en la actual Turquía, se encuentra a 8 km. de Selcuk, en el monte Aladaj. Estaba hecha de piedras cuadradas, redondas u octogonales y de ladrillos. Anne Catherine Emmerick, estigmatizada y visionaria, anunció que la Virgen habría muerto en Éfeso, que su morada se encuentra en una colina, al final de un camino de mulas, frente al mar Egeo y a la isla de Samos. Es gracias a estas revelaciones como se encontraron los cimientos de la casa donde la Virgen vivió sus últimos años y que fue, tras su muerte, transformada en capilla. El santuario de la Virgen se llama *Bulbuldag*, montaña del ruiseñor. María habría elegido un lugar solitario, porque deseaba vivir sus últimos años apartada y en contemplación. El Nuevo Testamento y los textos apócrifos de los primeros siglos no hablan de la presencia de María en Éfeso. Pero se sabe con certeza, como lo confirman Ireneo, Policarpo e Hipólito, Polícrates, Clemente, Orígenes, etc., que en Éfeso vivió Juan. Y al apóstol predilecto, Cristo, en la cruz, antes de morir, le confió a su madre. Por tanto, la Virgen podría, razonablemente, haber seguido a Juan hasta Éfeso. En favor de esta teoría, está también la presencia, en Éfeso, de una basílica de la época constantiniana que estaba dedicada a la Virgen María. En dicha basílica tuvo lugar, en el año 431, el tercer Concilio Ecuménico, que proclamó a la Virgen «Madre de Dios»[86].

---

[86] *Meryem Ana Evi*, «la casa de Nuestra Madre María», es la historia de una visión de Anne-Catherine Emmerick sobre la peregrinación islámico-cristiana a *La Maison de la Vierge*. Esta visión tuvo el apoyo inquebrantable del propio Mons. Descuffi, Arzobispo de Esmirna, a quien debemos las principales intervenciones sobre el Islam durante el Vaticano II. *Meryem Ana Evi* recibe hoy a más de 300.000 peregrinos, dos tercios de los cuales son musulmanes. Una «Casa de la Virgen» donde los musulmanes pueden rezar y los cristianos celebrar misa, donde cristianos de Europa, armenios, católicos turcos y musulmanes vienen a confiarse ellos mismos a la Virgen María. Desafortunadamente, hay un proceso de endurecimiento en ambos lados, y el propio obispo Bernardini se mostró menos entusiasta que su predecesor, que había hecho suya la profecía de Louis Massignon sobre el papel de Éfeso en la reconciliación. El encuentro entre el cristianismo y el Islam sólo podrá establecerse verdaderamente cuando la cuestión de Palestina se resuelva de manera justa y la internacionalización de los Lugares Santos se convierta en una realidad.

# CRONOLOGÍA DE LOUIS MASSIGNON

**1883:** 24 de julio: Nace en Nogent-sur-Marne, Francia.

**1906-1907:** Instituto de Arqueología Oriental de El Cairo.

**1908:** Se convierte al catolicismo. La expedición arqueológica, la acusación de espionaje, la Visita del Extranjero, el regreso a Francia, el voto de sustitución fraternal de los musulmanes y especialmente de los Alûsi. La controvertida personalidad de Hallâj, «mártir místico del Islam», que murió en la cruz en Bagdad.

**1913:** Se gradúa en la École des Langues Orientales Vivantes.

**1914:** Se une al ejército francés durante la Primera Guerra Mundial.

**1917**: Entrada en Jerusalén con Lawrence de Arabia

**1919:** Publica su primera obra importante, *Essai sur les origines du lexique technique de la mystique en pays d'Islam*.
   -Fué nombrado profesor del Colegio de Francia
   impartiendo clases de sociología
   y de sociografía musulmanas
**1920:** Viaja a Iraq por primera vez.

**1922:** - Defiende en la Sorbona su tesis sobre *La Passion d'Al-Hallâj*.
   **-**Conoce a Abd al-Rahman al-Ghazali,
   un importante místico musulmán.
**1925:** Funda la revista «Études Carmélitaines».

**1926**: Se convierte en asesor del gobierno francés en asuntos musulmanes.

**1927**: ¿Quién es Salman al-Farisi? Uno de los compañeros del Profeta, converso del cristianismo, iraní, creyente de Ali, tras la muerte de Mahoma; Salmân, «el amigo que no traicionó…». L.M. se ha identificado, de alguna manera, con Salmân, de quien «en ninguna parte se dice que haya negado a Cristo…». Salmân representa una «piedra de espera» para la reconciliación entre el Islam y el cristianismo, principalmente con los chiitas y, en cualquier caso, siempre sobre la base del contacto espiritual entre las dos religiones

**1929**: Funda el Instituto de Estudios Islámicos.

**1931:** Es nombrado profesor en el Collège de France.

**1933**: Es elegido miembro de la Academia de Lengua árabe de El Cairo.

**1934:** La *Badaliya*: Una congregación de oración, cuyos fundamentos siguen siendo la sustitución fraterna, la entrega de sí por los musulmanes. Su creación con Mary Kahil, en Damietta. «Amar absolutamente a un ser no es sólo desear lo que Dios quiere que llegue a ser o prever lo que llegará a ser, sin preocuparse de cómo y por qué. Amarlo así para él es realizar no mañana, sino ahora, y para siempre, mediante un abandono en su lugar, entregar a Dios sin reservas lo que actualmente le falta para llegar a ser él». Esto se aplica, en la mente de L.M., a sus hermanos musulmanes.

**1935:** Funda el Instituto de Estudios Islámicos en la Universidad de París.

**1942:** Se une a la Resistencia francesa durante la Segunda Guerra Mundial.

**1945:** Es nombrado miembro de la Academia Francesa.

**1946 a 1954**: Presidente del tribunal de oposiciones del árabe.

**1947**: Es nombrado Gran Oficial de la Legión de Honor.
    - Presidente del Instituto de Estudios Iraníes.
    - Miembro de la Comisión de
      Museos Nacionales de 1947 a 1962
**1950**: Ordenación sacerdotal en el rito melkita.

**1952**: Recibe el Premio Príncipe Claus.

**1954**: Publica su obra más famosa, *La Passion d'Al-Hallâj*.
    - Profesor invitado en Estados Unidos y en Canadá.
    - Jubilación
**1962:** Muere en París, Francia.

# BIBLIOGRAFÍA

-DESTREMAU, C. / MONCELON, J., *Louis Massignon* , París 1994.

-FOUCAULD, CH., *Reconnaissance au Maroc, 1883-1884. Ouvrage illustré de 4 photogravures et de 101 dessins d'après les croquis de l'auteur,* Challamet et Cie Éditeurs, Librairie Coloniale, París 1888; *Directoire,* París, 1918.

-GUTIERREZ, G., *Testigos de la memoria de Dios,* Selecciones de Teología n° 169, San Cugat del Vallès, 2004.

-HARPIGNY, G., *Islam y cristianismo según Louis Massignon* , Lovaina-la-Nueva, Imprenta de la Universidad Católica, 1981.

-LAMMENS, H., Qoran et Tradition. Comment fut composée la vie de Mahomet, en «Recherches de science religieuse», 1 (1910); Caractéristiques de Mahomet d'après le Qoran, en «Recherches de science religieuse», 20 (1930).

-MALICET, M., *Correspondance Claudel-Massignon, 1908-1914,* Desclée de Brouwer, París 1973.

-MASSIGNON, D., *El viaje a Mesopotamia y la conversión de Louis Massignon en 1908,* Cerf, 2001.

-MASSIGNON, L., *La Pasión de Hallaj, mártir místico del Islam,* Paidos Orientalia, Barcelona 1999; *L'Hospitalité sacrée,* Nouvelle Cité, París 1987; *Ciencia de la compasión. Escritos sobre el Islam, el lençuaje místico y la fe Abrahámica,* Trotta, Madrid 1999; "Le voyage en Mésopotamie et la conversion de Louis Massignon en 1908", *Islamochristiana* 14 (1988); Les trois prières d'Abraham, en «Dieu Vivant», 13 (1949); S*almân Pâk and the spiritual beginnings of Iranian Islâm.* Bombay U.P. Bombay, 1955; *Le Maroc dans les premières annes du XVI siècle.Tableau géographique selon Léon lÁfricain,* Adolphe Jourdan, Alger 1906; *Toda una vida con un hermano que partió al desierto* en *Parole donné,* Le Seuil, París 1983; *Carrempondance Claudel-Maesignan, 1908-1914,* Desclée de Brouwer, París 1973; *La pensée religieuse de F. Von Hügel,* París,1936.

-MILLET, D., *Brasas ardientes, semillas de fuego. Correspondencia Paul Claudel – Louis Massignon 1908-1953*, Gallimard, 2012.

-MOUGEL, R., *Jaccques Maritain, René Voillaume i els Germanets de Jesús*, Familia espiritual de Carles de Foucauld a Catalunya, Barcelona 31/X/2003.

-MORALES, J., *El Islam*, Ediciones Rialp, Madrid 2001.

-MORENO SANZ, J., *Ciencia de la compasión*, Trotta, Madrid 1999.

-PÉNICAUD, M., *Louis Massignon. El "católico musulmán"*, Bayard, 2020.

-PORCEL, B., *Islam y futuro*, La Vanguardia, Barcelona, 5-7-1993.

-SFORZA L. C., *Ciencia y Tecnología*, La Vanguardia, Barcelona, 22-5-1993.

-SIX, J. F., *Louis Massignon y la vida póstuma de Carlos de Foucauld*, Publicaciones Horeb, Barcelona 1996; *Una luz en la noche. Los 18 últimos meses de Teresa de Lisieux*, San Pablo, Madrid 1996; *80 cartas inéditas de Carlos de Foucauld a Louis Massignon*, Publicaciones Horeb, Barcelona 1996.

-VÁZQUEZ BORAU, J. L., *Volver a Nazaret guiados por Carlos de Foucauld y Louis Massignon*, PPC, Madrid 2004.

-VOILLAUME, R., *Cartas a los Hermanos*, Marova, Madrid 1973; *En el corazón de las masas*, Studium, Madrid 1962.

## EDITORIAL ANAWIM

**Quiénes somos**

Sencillamente somos un pequeño grupo de cristianos, católicos, que hemos conocido el Amor de Dios. No sólo a nosotros sino a toda persona llamada a la existencia... y en un misterio cósmico que un día se revelará tras los dolores de parto, un Amor que envuelve y transfigura a toda criatura.

Esta vivencia, que ya ha trastocado todas nuestras vidas, es el motor de esta pequeña editorial. Una editorial que quiere estar atenta a los dolores del mundo, a ese caudal de sufrimiento que nadie puede calcular. Y a los destellos de belleza y de bondad que asoman por doquier, y a las esperanzas y alegrías de todas las gentes.

**Qué pretendemos**

En comunión con la Iglesia, con la conciencia de que sus llamadas más candentes, más ardientes, más comprometedoras, son desconocidas o situadas en un segundo plano en el alma de muchos hermanos. Así pues, una editorial para intentar, humildemente y confiando en la acción misteriosa de la Providencia, dar luz sobre unas «enseñanzas sociales» transidas de amor sobrenatural y de un lenguaje religioso personalista que remite al Señor de la Historia...

Antiguas inquietudes que conservan todo su valor y vigor originales; personajes desconocidos, sorprendentemente desconocidos, y cuyas vidas son como una inaudita bocanada de esperanza y de verdad; nuevos retos, profundos, complejos, reducidos al fin a la sencillez de la respuesta del amor a cada cual... Todo con sabor a rebeldía, a disidencia, a la alegría del abandono en Dios a través de las luchas por un mundo justo y pacificado, hermanado a la sombra del Padre.

Todas las batallas que el papa Francisco ha expresado en la encíclica *Fratelli tutti*, todos los ámbitos de relación, con Dios, consigo, con los otros, con el universo... La no violencia activa y orante; la lucha por la paz; la justicia y la mística de la revolución social; el amor preferente por los últimos y los descartados; el inmenso y acallado mundo de los presos y prisioneros; los pueblos indígenas como custodios de sabidurías y últimos guardianes del paraíso acosado por la destrucción; las víctimas de los racismos y los combates por el honor y la libertad de todos; el universo de los adictos que aboca a los amores gratuitos; la dignidad de la mujer y el despliegue de todas sus específicas potencialidades; la complejísima e irresoluble cuestión de la identidad de los pueblos y el universalismo, solo abordable desde el espíritu con el que el Espíritu ungió a Gandhi; el mundo de las discapacidades y la justicia social y la voz que nos dice miremos a la persona en sí; los retos de la bioética desvinculados tanto de blasfemas sumisiones a la cultura dominante y sus leyes como de encorsetamientos conservadores... Y el ecumenismo de la pasión por el hombre, que nos conduce a encontrarnos en los caminos del sufrimiento con los hermanos separados. Y el rastrear huellas del Espíritu allí donde se manifiesten, en las religiones, en las culturas... El misterio de Israel, la fraternidad sobrenatural con las gentes del islam... Y la belleza de la Creación, el desafío de la suciedad, la desarmonía, la extinción...

Una mirada de tensión universal desde el misterio de la Iglesia, donde se abisman y se sacramentalizan los anhelos verdaderos de todo hombre y mujer, en todas las edades y latitudes.

## Unos modos

Entonces... desproporción absoluta: desde la insignificancia y la pequeñez, pretensiones totales, querer llegar a escalar en medio de cánticos subversivos «las colinas creadoras de la protesta» (Martin Luther King), rodeados de una nube de testigos, como dice la Escritura.

Y en esta pequeñez agraciada cuidar los signos: un espíritu no lucrativo, querer ayudar a otros, si Dios lo permite y lo bendice, mediante la creación de trabajos vinculados a la marcha de la editorial. Permitir, por supuesto, la reproducción total o parcial de lo publicado. Usar de materiales lo más respetuosos posible de los dinamismos vitales de la «Hermana Madre Tierra» (San Francisco). Estar abiertos a la sorpresa respecto a las iniciativas.

# OTROS TÍTULOS DE LA EDITORIAL